불온한 인문학

불온한 인문학

인문학과 싸우는 인문학

최진석 외 지음

Humanist

불온한 인문학은 왜 인문학이 아닌가

지난 10년간 인문학의 가장 큰 화두는 '대중과의 소통'이었다. 무한 경쟁이라는 신자유주의적 환경에서 자기 자리를 찾지 못하던 인문학은 학교 바깥에서 재기를 위한 실험을 시작했다. 대중과 직접 만나고 교감하는 공부, 일방적으로 주입되는 지식을 넘어 자유로운 토론과 대화를 통해 확장되는 앎의 지평이 그 모토였다. 인문학은 그렇게 사회를 향해 걸어 나왔으며, 지금 구가되는 '인문학의 부흥 시대'는 그 발걸음들이 만들어낸 성과라 말해도 좋을 것이다.

인문학의 대중화, 그 실험의 한복판에 연구 공동체 수유+너머도 있었다. 대학(大學), 곧 '큰 배움'이라는 위세 높은 이름에 갇혀 있던 지식을 대중이 공유할 수 있도록 간결하고 쉽게 제공하는 것, 학문 간 경계에 따라 엄격히 구별되던 지식들을 다시 엮어내 새롭게 제시하는 것이 그 실험의 내용이었다.

지역 및 대학 도서관, 사회단체나 문화센터 등도 얼마든지 실험실이 되었고, 매번 강좌와 세미나를 통해 개입하길 마다하지 않았다. 인문학의 진정한 힘은 대중과의 만남과 소통 속에서 생겨난다고 믿었기에 언제 어디서든 실험은 '계속되어야' 했다. 그것은 기예의 경연이 아니라 삶을 위한 지식의 창안이었다. 하지만 인문학의 대중적 중흥이 만병통치약이 아니며, 오히려 지성의 비판적 힘을 무장해제 시키는 독이 될 수 있음을 안 것은 비교적 최근의 일이다.

인문학이라는 형식으로 대중과 만나고 소통하는 것은 말처럼 간단하지 않다. 자본주의 사회의 소시민적 일상에 길들여진 대중이 어렵고 낯선 주제를 기꺼이 받아들이고 함께 고민할 리 만무하기 때문이다. 더구나 현재적인 정치·사회적 주제들은 그들을 불편하고 불쾌하게 만들기에 곧잘 반려되곤 했다. 강의는 되도록 먼 나라, 멀리 있는 사람들, 오래된 과거에 대한 정보들, 두루두루 유익하기만 한 '교양'에 부합하는 내용으로 채워지는 게 권장되었다. 품격 있는 '고전'을 다루면서도 《논어》, 《맹자》 같은 동양의 고전은 지루하다는 이유로 제외되는 일이 허다했다. 물론, 서구의 고전도 예외는 아니었다. 플라톤이나 헤겔 등 사상사의 거인들은 너무 어려워서 빠지고, 마르크스나 레닌 등은 어딘지 위험스러워 보여서 누락되었다. 그뿐인가? 두툼하게 채워진 강의안을 건네면 난감한 미소를 지으며 슬쩍 되돌려주었다. 요즘 세상에 시청각 자료도 없이 강의 다니는 선생님이 어디 있냐며.

이래저래 요구 사항들을 맞추다보면 강의할 사람도, 강의할 내용도 마땅찮다. 애초에 대중의 눈높이에 맞춘 '소통 지향적 강의'가 인문학의 지향점 아니었냐고 반문할 법하다. 맞는 말이다. 소통이 상대의 눈과 귀에 '거슬리지 않게' 하고, 사유의 노동 없이 쑥쑥 위장에 흡수되기만 할 '건전한' 만남을 뜻한다면, 아마 그럴 것이다.

그렇게 대중과의 만남과 소통이 '건전해질수록' 딜레마는 깊어진다. 사회로 발길을 돌렸을 때 인문학이 욕망하던 것은 무엇이었나? 세상과 담쌓은 '온실 속 지식'이 아니라, 안온한 일상에 균열을 내고, 무사안일한 상식을 질타하며 낯선 가치, 새로운 의미를 제기하자는 소신은 '강의를 위한 강의'에 밀려 종적 없이 사라졌다. 수준의 높낮이 문제가 아니다. 현실의 요구들에 몸을 맞추다보면, 날카롭던 칼날도 무뎌지고 날쌔던 신체도 둔중해진다. 어떤 명목을 내세우든 결국에는 '앵벌이'에 다르지 않다. 한심하다고 비웃던 제도권의 '지식 외판원'들과 별반 차이를 못 느끼게 된다.

어느 대학 강연에서 전직 대기업 CEO란 사람이 인문학의 효용을 "외국 바이어들 앞에서 노래 한 곡 불러주는 것"이라 말했다고 한다. 그에게 인문학이란 계약을 따내고 거래를 성사시키는 데 필요한 잡기(雜技) 정도였을 것이다. 사회의 문제점을 들춰내고 권력과 자본을 비판하는 인문학은 아마 인문학이 아닐 것이다. 돈이나 아는 저열한 자본가 한 사람의 문제가 아니다. 일반적으로 대중은 인문학 강의에서 자기 존재를 불안하게 만드는 의혹과 위험, 피를 뛰게 하는 낯선 것을 바라지 않는다. 그런 것은 인문학이 아니라는 것이다. 가령, 대중은

월남전을 자유 민주주의를 수호하기 위해 피와 청춘을 바친 전쟁으로 기억하길 원하지, 베트남 양민들을 학살한 치욕스런 장면 속에 각인시키길 원치 않는다. 삼성이 자랑스러운 대한민국의 대표 기업이길 원하지, 노동자를 착취하고 죽음으로 몰아넣는 악덕 기업으로 떠올리지 않는다. "좋은 게 좋은 거지!" 여기에 우리 시대 대중의 일그러진 욕망이 있다. 그것이 현실이다. 그럼 무엇을 할 것인가? 그냥 속 편하게 함께 웃으며 덕담이나 나누다 돌아와야 할까?

어쩌면 답은 간단할지 모른다. 편안하고 유쾌한 것, 위험하지 않은 인문학을 요구하는 대중에게 그런 인문학은 더 이상 없다고 응답하자. 이제 인문학은 당신들의 삶에 즐거움이나 위안, 구원 따위를 주지 않을 것이다. 인문학이 선사하는 최상의 선물은 당신들이 보고 싶지 않은 것을 보게 하는 것, 듣고 싶지 않은 것을 들려주는 것, 머리 싸매며 생각하고 싶지 않은 것을 애써 고민하고 언어로 토해내도록 강제하는 것이다. 그렇게 해서 서가에 꽂힌 책을, 텔레비전 화면의 이미지를, 스마트폰 액정 위의 문자놀음을 떠나도록 강요하는 혹독한 질타에 인문학의 선물이 있다. 하지만 그것은 당신들과 화기애애하게 소통하는 인문학이 아니라, 불화와 반목을 조장하는 반(反)인문학일 것이다! 흡사 불에 덴 듯 놀란 대중이 벌떡 일어나 거리로 달려가게 만드는 불온하기 짝이 없는 인문학!

혁명과 인문학. 인문학이 텍스트의 쾌락이자 종이 위의 전통으로 남아 있는 한, 이 세계는 영원히 변할 수 없다. 혁명은 인문학이 묵독(默讀)의 자아도취를 벗어나 광장에서 울리는 함성이 될 때, 거리에 대한 관조를 중단하고 거리를 욕망할 때, 학문이라는 성(城)에 칩거하지 않는 비(非)학문이 될 때, 우리의 심장과 지성, 언어를 격발시키는 불온한 인문학이 될 때 점화하기 시작할 것이다. 그러나 니체의 초인이 인간의 후손은 아니듯, 불온한 인문학 또한 인문학의 후예로 기억되진 않을 것이다.

2011년 여름의 연구실에서
최 진 석

차례

불온한 인문학을 위한 선언

1

바야흐로 '인문학의 부흥 시대'가 왔다! 고고한 상아탑에 틀어박혀 있던 대학이 대중 계몽의 현장을 자처하며 인문학 최고위 과정을 신설해 CEO들을 입학시키려 혈안이 되고 있다. 은행과 백화점, 문화센터와 공공 기관이 앞 다투어 고전 강좌를 개설하면서 지식과 교양에 목마른 대중에게 유혹의 손짓을 보낸다. 국가는 '인문 한국'이라는 거창한 부흥 프로젝트를 내세우며 연간 400억 원에 달하는 재정을 투입함으로써 위기를 외쳐대던 이들에게 자본의 '생명수'를 부어주고 있다. 박사 실업자를 면치 못하던 수많은 시간강사들과 대학원생들은 열심히 연구 계획서와 보고서를 작성하고, 실적을 증명해줄 논문들을 줄기차게 찍어낸다. 여기 인문학이 부활했노라! 고독하게 고사(枯死)하는 꼬장꼬장한 학자가 아니라 프로젝트의 수주에 목숨을 건 유능한 매니저가 오늘날 인문학 연구자의 이상(理想)

이 되었다! 미다스의 손을 가진 국가라는 막강한 패트런(patron)도 얻었다! 인문학이 새로운 국학, 21세기 국풍의 기치 아래 재생산되고 있다.

한때 인문학의 위기가 운위되고 그 사멸의 징조가 우려스럽게 진단되던 시절이 있었다. 취업 전문 학원으로 전락한 대학에서 인문학이 힘겹게 투병하며 죽어가던 때가 있었다. 아카데미의 수장들이 인문학에 대한 관심을 촉구하고, 국가와 기업, 사회의 도움을 애타게 호소하던 시기가 있었다. 그런데 지금, 언제 그랬느냐 싶게 인문학은 화려한 재탄생을 노래하고, 도처에서 부활의 종소리를 울려댄다. 상품 광고의 아이디어 속에서 인문학은 '돈이 된다'는 찬사를 얻고, 텔레비전에 출연한 신(新)지식인들은 인문학이 이제 지식 시장에서 유통되는 최신의 상품임을 자랑한다.

하지만 바로 이때, 우리는 '인문학의 부흥'이라는 시대 현상이야말로 역으로 인문학이 빠져든 위기와 몰락의 징후임을 냉정히 바라본다. 국가와 자본의 넘치는 관심과 후원은 인문학 재생의 밑거름이 아니라, 인문학의 좀비화를 부추기는 바닥없는 진창에 다름 아니다. 국가와 자본의 월급쟁이가 되자마자 인문학은 권력과 돈에 눈이 멀고 귀가 막히고 입이 봉해진 산송장이 되어버렸다. 오늘날 인문학의 부흥이란 무엇인가? 이윤 창출을 위한 자본 축적 전략과 지배의 효율화를 위한 국가 통치 전략의 소프트 버전, 바로 그것이 아닌가?

인문학을 논하기 전에 먼저 지금-여기의 삶을 돌아보라. 대학생들이 졸업과 동시에 신용 불량자가 되고, 청소 노동자들이 화장실에서 밥을 먹어야 하며, 개발 이익에 눈먼 국가와 자본의 폭력이 가난하고 소외된 자들에게 '공권력'이라는 테러를 자행하고 있다. 소시민의 일상은 '글로벌 리더십'과 '글로벌 스탠더드'를 이룬다는 명목으로 희생당하고 있다. 이렇게 파괴된 삶의 터전에서 태연하게 '인간'과 '문화'를 떠드는 인문학이 도대체 어떤 희망의 근거가 될 수 있단 말인가?

2

상황은 명확히 문제적이다. 작금의 지배 질서와 가치 체계에 대한 비판과 문제 제기를 그만둔 인문학은 기껏해야 교양 있는 시민의 육성을 필생의 소명인 듯 껴안고 있다. 정보산업 사회의 유능한 인재를 키우기 위해 인문학적 창의성이 투입되고, 각박한 경쟁 사회에서 인간적 여유를 찾아주기 위해 인문학적 교양을 제공하며, 부랑인과 노숙자 같은 사회 부적응자들을 정상적인 시민으로 되돌리기 위해 인문학적 지식이 동원되고 있다. 사회적 유용성과 적응성의 배양, 혹은 순응하는 시민의 양성이야말로 진정 인문학의 사명인가? 인문학이 감옥이나 병원에서 수인과 환자들을 '정상인'으로 교육하기 위해 고안되었다는 어느 철학자의 통찰이 정확히 맞아떨어지고 있지 않은가? 그렇다면 오히려 인문학은 그 탄생의 목적과 소명을 지금 충실히 이행하는 중이라고 말해야 옳을 성싶다.

다른 한편에는 인문학의 '실용주의적 유행'에 반대하며 인문학적 본질이 현실을 넘어선 것, 지고한 정신적 가치에 있노라고 강조하는 인문주의자들도 있다. 그들은 인문학이 실용적 효용이나 실리적 이득을 얻기 위한 수단이 아니라, 인간의 본질을 탐구하고 세계의 원리를 궁구하여 인격을 완성하는 지고한 삶의 안내자라고 주장한다. 오래된 안내자로서 '고전'이 강조된 이유도 그런 까닭이다. 따라서 인류의 오랜 지혜가 담긴 책, 고전을 지키고 재생산하는 것이야말로 인문학의 존재 이유라는 게 이상주의적 인문주의자들의 주장이다. 하지만 모든 견고했던 것이 대기 중에 녹아 없어지는 이 세계에서 어떤 고전이 감히 영원을 구가할 수 있을까?

우리는 의고주의적 인문학이 보여주는 몰역사성과 탈사회성에 결코 동의하지 않는다. 그래서 격조 있는 생활의 품격을 누리기 위해 고전을 읽는다는 CEO들의 진심도 곧이곧대로 들리지 않는다. 그들이 사원들에게 고전을 '음미하라'고 내미는 순간, 고전은 그것이 등장했던 역사와 사회의 맥락을 벗어나 지금―여기서 강제와 폭력, 순응과 체념의 도구가 될 것이기 때문이다. 순수한 인성의 도야라는 명분으로 고전 공부를 받아들일 수 없는 것도 그래서다. 고전에 대한 맹목적 숭앙은 국가와 자본에 대한 물신주의적 숭배와 그다지 멀지 않다. 고전을 불멸의 정전으로 만들어 삶의 척도로 삼을 때, 지식과 권력, 자본의 삼자 연대가 승리하는 날을 보게 될 것이다.

자본과 국가의 이해에 편승한 덕분에 호의호식하는 순응주의자의 인문학. 대중적 삶의 지평에서 유리되어 고전에만 칩거하는 나르시시스트의 인문학. 양자는 하나같이 현실 직시를 거부하고 자기만의 환상에 몰두한 채 세상을 속이고 자신을 속이는 불모의 인문학에 다름 아니다. 인간과 삶을 아름답고 풍요롭게 바꾼다는 미명 뒤로 펼쳐진 삶의 적나라한 모순과 질곡을 질타할 줄 모르는 인문학은 인간을 위한 것도 아니고, 삶을 위한 것도 아니다. 그런 환상 따위로 세상과 자신을 중독시키는 인문학은 차라리 해체시키는 게 낫지 않을까? 새로운 인문학을 위한 제언은 국가와 사회를 부강하게 만들거나 보편적 휴머니즘을 구현하는 것도 아니요, 인문학의 잃어버린 가치를 회복시키는 것도 아니다. 그것은 차라리 지금-여기의 현실을 작파하고 '다른' 현실을, 우리의 감각과 지식, 상식의 기반을 뒤흔들어 우리를 '낯선' 변경으로 던져 넣는 것이어야 한다.

3

하지만 우리는 이 탐구의 여정에 붙일 만한 적절한 이름을 아직 모른다. 우리는 인문학에서 출발했지만 그 도착지는 인문학이 아닐 것이다. 불온성, 그것은 현재 알고 있는 삶의 형태를 공고하게 다지고 정상화시키는 게 아니라, 익숙하고 안온한 삶에 낯설고 낯선 감각, 우리 자신을 베고 다치게 함으로써 이전과는 다른 삶의 형태와 강제로 맞부딪히게 만드는 과정에 붙이는 이름이다. 잠정적으로나마 우리의 탐구에 '불온한 인문학'이라는 이름을 붙여본다면, 그것은 '진정한' 인문학을 가르친다거나 인문학의 또 다른 '재생'이나 '반복'을 위함이 아니다. 다만 그것은 우리 여정의 출발점이 어디며 그 과정이 어디로 어떻게 이어지는가를 지도 위에 그려보기 위해 선택한

폿말일 뿐이다. 불온한 인문학은 인문학이 아니다! 그것은 인문학과는 다른 새로운 종(種)이며, 어디선가 항상-이미 시작된 낯선 출발점을 가리키는 지표다.

'부흥 시대'의 인문학은 세상을 바꾸는 전복의 힘도, 익숙한 것도 낯설게 바라볼 수 있는 불온성도 거세당한 박제에 불과하다. 시대의 지배적 통념을 논쟁의 대상으로 점화시키는 급진적 비판, 안일하게 수용하고 반복하면 그만인 습속의 도덕에 등 돌리고 당당히 떠날 수 있는 사유의 용기, 배제되고 학대받는 자들을 괄호쳐버린 교양의 기름진 바다에 불쏘시개를 던져 넣는 과감한 행동력, 이것이야말로 '이미 와버린' 인문학이 아니라 '도-래할' 인문학, 혹은 아직은 이름 붙일 수 없는 새로운 사유와 활동의 단초가 된다.

지금-여기서 우리에게 새로운 앎과 감수성, 사유와 활동이 의미를 갖기 위해 필요한 것은, 인문학 부흥의 깃발을 높이 쳐드는 게 아니다. 지금은 차라리 그 깃발을 꺾어버리고 현행의 인문학에 대한 반대를 선언해야 할 때다. 국가와 자본, 휴머니즘이라는 기치를 내건 인문학에 대결을 선포해야 할 때다. '위기'를 떠들며 자금과 보호를 구걸할 게 아니라, 오히려 위기를 더 멀리 밀고 나가 마침내 폭파시켜버리는 것. 그때야 비로소 인문학이라는 명칭으로 불리던 지식은 지배적 가치와 통념에서 이탈해 새로운 삶을 향한 길을 만들 수 있다.

이제 우리는 '인문학'이란 이름으로 길들여진 영토를 떠나려고 한다. 그 첫걸음은 현행의 '인문학의 배치'에 이의를 제기하고 균열을 내는 데서 시작한다. 이로써 우리는 국가와 자본의 통제를 받고, 휴머니즘을 명목으로 영유되던 죽은 지식을 지금-여기의 해방적 실천을 위한 앎으로 재전유하게 될 것이다.

새로운 삶과 앎의 방식을 창안하는 활동은 문제의식을 공명하는 또 다른 고민과의 만남 속에서 더욱 첨예해지고 증식되리라 믿는다. 우리는 이 만남을 기다린다. 이 만남을 통해서 우리의 문제의식이, 우리의 사유가, 우리의 활동이 다양한 방식으로 변주되고 또다른 탈주의 동력을 얻게 되길 희망한다. 이에 우리는 혼돈과 불안을 낳고 마침내 전복의 위험한 함성을 불러올 '불온한 사유'를 기다린다. '불온한 인문학'은 정녕 그날을 위한 찰나의 섬광에 불과하리라.

불온한 사유의 대지로 떠나는 모두와 함께

정정훈·최진석

문화

1 우리 시대 인문학은 어떻게 소비되고 있는가

인문학 담론의 유행과 소비 양상

문화　　　　노마디스트 수유너머N(www.nomadist.org) 회원. 연구실에 접속하기 전까지만 해도 '방송 일' 밖에 할 일이 없다고 생각했으나, 요즘은 방송 일도 잠시 접고 연구실 활동에 푹 빠졌다. 최근에는 공동체와 문학이라는 주제에 관심을 두고 있다.

처음 수유＋너머에 발을 들여놓았을 때가 생각난다. 2007년 봄, 직장 생활 4년차. 먹고살기 위해 돈을 벌고는 있었지만 늘 부족했고, 직장 일은 날이 갈수록 시시하게 느껴지던 차였다. 일주일에 며칠은 밤을 새우며 일했지만 그것은 그저 밥벌이일 뿐. 일이 힘든 것도 힘든 거지만 그렇게 밤새워 해낸 일의 결과물이 나와는 아무 상관 없는 것이라는 게 실망스러웠다. 다른 동료나 선배들이 사는 모습을 봐도 희망이 없었다. 직장 생활 몇 년 하다 대출을 받아 결혼해서는 대출금 갚는 일생.

그러다 어느 날 우연치 않게 대학 밖에서도 공부를 할 수 있는 공간이 많다는 것을 알게 됐다. 사실 그때만 해도 정확히 인문학이라는 이름으로 강좌를 접한 것은 아니었으며 그냥 '공부하는 곳'이라고만 생각했다. 처음 강좌를 들었던 곳은 홍대 근처의 한 인문학 단체였다. 그때 나는 두 단체의 강좌를 놓고 고민을 했다.

지금 생각해보면 몹시 민망하지만 강좌 선택에 작용한 요소는 바로 시간과 장소였다. 상대적으로 직장에서 빠져나오기 좋은 금요일 저녁이고 교통이 편리한 곳에 위치한다는 점이 그때 그 강의를 선택한 결정적인 이유였다.

1
유혹의 인문학

그렇게 선택한 강좌가 내게 맞을 리 없었다. 그 당시 내가 고민하고 있던 것들과 별 관련이 없었고, 몇 마디 알아듣기도 어려운 전문적인 내용이기도 했다. 하지만 처음으로 뭐랄까, 사는 것 같았다고나 할까. 그런 기분을 느꼈던 것 같다. 그전까지는 월급을 받으면 월세와 생활비, 그리고 대학 학자금 대출을 갚느라 늘 허덕였다. 그런데 처음으로 내가 번 돈을 당장 굶어 죽지 않기 위해 쓴 것이 아니라 나를 위해 썼다는 사실이 뿌듯했다.

그때 내가 듣던 강좌에는 스무 명 남짓한 수강생이 있었는데 대부분이 그 분야의 공부를 하는 대학원생들이었다. 물론 나처럼 아무거나 찍다 보니 들어온 직장인도 있기는 했다. 아마 그들도 나와 별 차이 없는 수준으로 강좌를 이해했을 것이다.

형편은 그러했지만 나는 그 강좌를 위해 사실상 많은 것을 투자했다. 적지 않은 수강료를 냈으며, 강좌를 듣기 위해 금요일 하루는 일찍 퇴근을 했으니까. 그 당시 나는 '데일리 아침 방송' 구성작가로 일하고 있었는데, 직업의 특성상 일의 시작과 끝이 분명히 나뉘는 것도 아니었고, 그렇다고 회사에 공부를 하러 가겠다고 말할 수 있는 상황도 아니었다. 그래서 나는 최대한 남들보다 일을 먼저 많이 하려고 노력했다.

최대한 금요일 저녁 시간을 확보하기 위해 돌발 상황이 일어날 변수를 줄여야 했다. 일주일에 고작 몇 시간의 강의 때문에 허덕일 때가 많았지만 회사 문을 나설 때의 기분은 짜릿했다. 뭐랄까, 두 공간을 넘나드는 느낌이랄까. 그렇게 나는 인문학 강의에 발을 들여놓았다.

돌이켜보면 그 당시 나는 인문학 강좌 유행의 한복판에 있었다. 2006년 대학교수들은 인문학의 위기를 선포■하고 학생들이 취업이 안 되는 인문학은 하지 않고 스펙 쌓기에만 열중한다고 개탄했다고 한다. 하지만 아이러니하게도 이듬해 2007년은 대학 밖 인문학 강좌의 부흥기로 지금 기억하고 있다. 그때 내가 강의를 들었던 곳 외에도 일반인을 상대로 하는 단체는 꽤 많아서 어디를 가야 할지 고민할 정도였으며, 그 이후로도 이런 강좌는 계속 증가했다. 각 구청과 도서관, 백화점에서

■ '고려대 문과대 교수 전원 '인문학 위기 타개' 선언', 〈경향신문〉, 2006년 9월 14일자. 고려대학교 문과대 교수 121명은 9월 15일 오전 고려대 백주년 기념 삼성관에서 개최된 60주년 기념 '자유: 근대문학의 전개와 자유' 심포지엄에 앞서 '인문학 선언문'을 발표했다. 이후 9월 26일 이화여대 국제교육관에서 열린 인문 주간 개막식에서도 '오늘의 인문학을 위한 우리의 제언'이라는 성명서를 통해 "오늘날 직면한 인문학의 위기가 인간의 존엄성과 삶의 진정성을 황폐화시킬 수 있음을 자각하고 인문학의 의미를 되살려 우리의 시대적 소명에 부응하고자 한다."며 인문학의 부흥을 촉구하는 목소리가 이어졌다.

하는 강의까지 합치면 그 숫자는 열 손가락으로 꼽아도 모자랄 지경이었다.

위기를 선포하자마자 찾아온 부흥. 어쨌든 나는 그 덕에 쏟아지는 인문학 강좌를 즐길 수 있었고, 매 분기마다 강좌 시간표를 보면서 내가 들으면 좋을 강의를 고민하게 되었다. 마치 대학에 다시 들어가 수강 신청을 하는 것처럼 말이다. 그리고 그해 가을 개편부터 우연히 책 프로그램의 구성작가로 일하게 되었고, 그러면서 '인문학 유행'이라는 현상을 좀 더 가까이에서 지켜볼 수 있었다.

2
인문학이라는 소문

방송의 교양 프로그램 제작진은 주로 신문과 인터넷 뉴스 등을 통해 아이템을 찾는다. 책 프로그램의 경우는 소스가 하나 더 있는데 바로 출판사를 통해 직접 들어오는 책들이다. 그런데 이렇게 들어오는 책이 일주일에 적게는 수십 권이다. 그러다 보니 주로 유명한 저자나 이전에 낸 책이 좋았다고 소문이 난 저자들 위주로 책을 고르게 된다. 혹은 그 당시 자주 이야기되는 것들, 즉 '담론'이 되고 있는 책들이 선택된다.

그런데 방송 매체들을 통해 소개되는 인문학 서적이라는 게 사실 아주 한정되어 있다. 다른 분야의 책들도 골고루 소개해야 하고, 방송의 수위 역시 일정해야 하기 때문이다. 흔히 방송을 처음 공부할 때 듣는 잔소리가 있다. "쉽게 써라." "중학교 교육을 받은 수준의 사람이 이해할 수 있어야 한다." 이 말은 시청자의 수준을 무시하라는 뜻이 아니다. 남녀노소 모두 교육 여하나 사는 곳에 구애 받지 않고 보편타당하게 이해할 만큼의 수준이 되어야 한다는 뜻이다. 뿐만 아니라 우리가 당연하다고 믿는 기존의 통념이나 상식을 뛰어넘어서는 안 되며, 선정적인 주제도 피해야 한다. 그렇기 때문에 방송에 소개할 만한 아이템은 더더욱 한정된다.

방송보다 독자층이 한정되어 있는 신문 매체는 이보다 덜하겠지만 이것 역시 책 선정의 어려움은 마찬가지일 것이다. 신문 역시 일정한 지면에 많은 사람들이 눈여겨볼 만한 책을 소개해야 하기 때문이다. 주로 유명한 저자의 책, 혹은 한 번이라도 책을 내 이 분야에서 글을 잘 쓴다고 소문이 난 저자의 책, 그리고 특정한 가치관을 설파하는 것보다는 두루두루 좋아할 만한 이야기를 하는 책이 소개된다. 이런 이유 때문인지 매주 수십 권의 인문학 관련 책이 문화면 담당자의 책상으로 배달되지만 소개되는 책들은 매체별로 별다른 특성이 없다. 모두 거기서 거기다.

비교적 아이템 선택이 자유로운 라디오에서 책 프로그램을 했지만 나 역시 이런 한계를 느꼈다. 방송에 소개하려면 책의 완성도는 물론이고 짧은 시간에 내용을 잘 풀어서 전달해줘야 했다. 아무리 좋은 책이어도 방송의 특성상 저자가 말을 너무 못하면 책을 소개할 방법이 없었다. 방송에 나온 저자는 자신이 하고 싶은 말을 준비된 대본이 없는 것처럼 재미있고 능수

능란하게 이야기하는 게 중요한데, 사회자의 질문에 머뭇대거나 질문의 사소한 어감의 차이를 가지고 다양한 해석을 늘어놓으면 곤란했다.

사실 이런저런 삐걱거림은 필연적이다. 인문학의 특성상 일반인이 이해하기 어렵거나 무거운 내용, 또 사전에 정보가 공유되지 않으면 공감하기 힘든 내용이 더러 있다. 그리고 다른 분야의 책에 비해 두께도 만만치 않다. 300쪽은 기본이고 길게는 1,000쪽이 되는 고전도 있다. 따라서 그 많은 내용을 시청자에게 제대로 전달하기란 불가능하다. 방송 분량도 짧고 또 제작을 위한 사전 준비 시간도 얼마 되지 않기 때문이다.

그런데 언젠가부터 이런 어려운 작업을(!) 하는 인문학 관련 프로그램이 많아졌다. 이전까지는 인문학이라면 책 프로그램 같은 곳에서나 소개될 법했는데 이제 오락 프로그램에서도 '인문학'이라는 낯선 단어가 등장한다. 우리의 방송 여건이 달라진 것일까? 하지만 실상을 보면 별로 그렇지 않다.

인기 강사로 알려진 김정운 교수가 진행하는 tvN 시사 풍자 쇼를 보자. 이 프로그램의 한 코너 제목은 '김교수의 출첵 인문학'이다. 2010 남아공 월드컵의 열기가 한창이던 기간에 방송된 아이템은 축구였다. 사회자 김정운은 한 대학 교정에서 남자 친구가 축구 경기에 집중하느라 여자 친구인 자신의 생각은 하지 않는다는 여대생들의 넋두리를 듣는다. 그러고 나서 곧 강의를 늘어놓는다. '현대사회의 모든 규칙의 시작은 축구'라며 남자들이 축구에 빠져들 수밖에 없는 이유를 말이다. 그리고 공부하라는 의미로 남자 친구를 이해해줄 것을 당부하

는 말과 함께 크리스토프 바우젠바인의 《축구란 무엇인가》라는 책을 선물로 준다.[1]

이 10분 남짓한 코너를 만드는 제작진은 인문학에 대해 어떤 생각을 가지고 있을까? 사실 이런 형식의 코너는 이전에도 있었던 것으로 별로 특별할 게 없다. 시청자로 보이는 의뢰인이 있고 여기에 적절한 솔루션을 제공해주는 형태는 이 프로그램 말고도 많다. 그런데 굳이 '인문학'이라는 이름을 넣은 것은 '인문학'이 그만큼 먹힌다는 뜻으로, 즉 유행이라는 것을 보여주는 반증이다.

이렇게 가벼운 터치로 인문학을 소개하는 프로그램만 있는 것은 아니다. 좀 더 진지하게 인문학을 소개하는 프로그램도 있다. 2009년부터 시작한 한국정책방송의 '인문학 열전'이 바로 그런 프로그램이다. 각 분야의 전문가들이 매 시간 나와서 사회자와 함께 좌담 형식으로 진행된다. 강의 내용은 '교육, 종교, 문화, 환경, 한국사, 사랑' 등등 다양하다. 출연자들은 주로 각 분야의 전문가이거나 사회 지도층 인사들이다.

이 프로그램의 사회자 김갑수 씨의 말에 따르면, 기존의 인문 교양 프로그램에서는 말 잘하는 사람들 위주로 출연자들이 구성되었다고 한다. 그러다 보니 나왔던 사람들만 계속 나왔는데, 이번 프로그램에서는 그런 부담을 없애 말은 잘 못해도 인문학에 조예가 깊은 분들 위주로 섭외를 했다고 한다.

이제 '말 못하는'(?) 인문학자까지 TV 대담 프로그램에 나올 수 있는 세상이니 인문학 열풍이 정말 맞는 것일까? 밖에서는 강좌로, 안방에서는 TV로 인문학을 배울 수 있는 시대니 말이다. 하지만 대학의 사정을 보면 꼭 그렇지만은 않은 것 같다.

지난해까지 10여 곳의 지방 대학에서 철학과가 폐지되었으며, 심지어 작년 어느 대학은 취업률이 낮다는 이유로 어문학부 3개 학과를 일방적으로 폐지해 논란이 되기도 했다. 대학 내에서는 여전히 흥미 위주의 가벼운 인문 교양 강좌는 인기를 얻고 있지만, 조금만 깊이가 있거나 진지해도 학생들에게 외면을 받는다고 한다.

이런 현상은 2006년 대학교수들이 인문학의 위기를 선언했을 때와 그리 달라 보이지 않는다. 그런데 왜 우리는 인문학이 유행이라고, 번성하고 있다고 믿게 된 것일까? 이 '소문'은 누가 어디서 만들어낸 것일까?

3
소문 1 : 인문학이 부활하고 있다고?

사람들은 주로 책과 강좌를 통해서 인문학을 접한다. 먼저 인문학 책 시장을 살펴보자. 대학 밖 인문학의 부흥을 이야기하던 2007년 당시 가장 주목받았던 인문학 서적은 《생각의 탄생—다빈치에서 파인먼까지 창조성을 빛낸 사람들의 13가지 생각 도구》[*]라는 400쪽이 넘는, 결코 얇지 않은 책이었다. 이 책은 그해 4만 부 이상 팔렸으며, 교보문고에서 매 해 집계하는 판매량 순위 100위 안에 들었다.[2] 한편 2007년은 자기 계발서의 해였다. 대형 서점에 들어가면 트리 모양으로 쌓인 론다 번의 《시크릿》을 볼 수 있었다. 《시크릿》은 100만 부 이상 팔렸으며, 2007년 전체 베스트셀러 1위를 기록했다.[3] 사실 이에 비하면 4만 부는 턱없이 저조한 숫자다. 하지만 인문학 분야의 경우 통상 1쇄로 1,000부를 인쇄하는데 이 1쇄가 다 팔리기 어려운 게 현실임을 감안하면 엄청난 숫자다. 오죽했으면 인문학 분야 책을 만드는 출판사들끼리 서로 사서 보는 게 전부일 거라는 우스개도 있을까.

'세계 1퍼센트의 사람들만이 알고 있는 비밀을 알려준다'는 《시크릿》의 인기와 《생각의 탄생》의 선전은 언뜻 보면 동떨어져 보인다. 그러나 이 책을 사는 사람들을 보면 꼭 그렇지만도 않다. 이 책은 기존의 인문학 서적을 읽는 방식과는 조금 다르게 소비됐다. 당시 CEO 인문학 열풍을 보도하는 기사에도 《생각의 탄생》은 등장했는데, 《생각의 탄생》의 저자인 로버트 루트번스타인 미국 미시간 주립대학 교수의 말을 인용하면서 이렇게 쓰고 있다.

최근 우리 경제계에 '인문학' 열풍이 불고 있다. 50대를 넘긴 경제계 인사들이 고전의 세계가 주는 지혜의 바다로 달려가 삶을 성찰하고 인생을 재충전하기 위해

■ 레오나르도 다 빈치, 알베르트 아인슈타인, 파블로 피카소, 마르셀 뒤샹, 리처드 파인먼, 버지니아 울프 등 역사 속에서 뛰어난 창조성을 발휘한 사람들이 과학, 수학, 의학, 문학, 미술, 무용 등 분야를 막론하고 공통적으로 사용한 13가지 발상법을 생각의 단계별로 정리하고 있다. 천재성은 소수의 천재들의 전유물이 아니라고 말하는 저자의 말대로 창조성을 기르려는 현대인들에게 13가지 방법을 소개하는 책이다. 출간 직후부터 각 일간지의 책 소개란에 보도됐을 뿐 아니라, KBS의 책 프로그램에서 도서 평론가를 비롯한 유명 독서가들이 추천(2007년 7월 3일)하면서 지속적인 인기를 끌었다.

인문학 강좌에 모여들고 있는 것이다……

인문학을 택한 이유는 각기 다르지만, **지향**하는 **목표**는 동일했다. 고전과의 대화를 통해 '드림 소사이어티(Dream Society)'로 불리는 미래를 선점할 창의력과 상상력을 찾겠다는 것이다. 조동성 서울대 교수는 "포스코는 철강 생산에 고로(高爐)가 당연히 필요하다는 고정관념을 깨고 고로가 필요 없는 파이넥스(FINEX) 공법을 개발했다."며 "이는 경영자의 상상력에 구성원의 창조력이 결합된 결과"라고 강조했다.

베스트셀러 《생각의 탄생》 저자인 로버트 루트번스타인 미국 미시간 주립대학 교수도 "한국 기업이 저성장의 굴레에 빠져든 것은 창조성이 결여된 일 중심의 문화 때문"이라며 "그 해결책은 문화와 감성을 살릴 수 있는 인문학에 있다."고 말했다. 이제 인문학은 우리에게 꿈을 꾸게 해주는 **미래학**으로 거듭나고 있다.[4]

> 이 기사에서도 읽을 수 있듯이, 자기 계발서를 읽는 방식과 인문학 강좌를 듣거나 책을 읽는 방식이 크게 다르지 않아 보인다. 나 역시 이 책을 TV에서 하는 책 소개 프로그램을 보고 샀다. 두께가 만만치 않아서 부담스럽기도 했지만 책을 산 이유가 묵직한 볼륨 때문이기도 했다. 이 책을 읽으면 왠지 나의 인문학적 소양이 그 두께만큼 깊어질 것 같았다. 이 책을 산 독자가 쓴 리뷰다.

이 책은 두께만큼이나 내 가방과 오랜 시간을 함께 했다. 끝까지 읽고 말겠다는 **도전 정신**을 발휘하도록 만들기도 했다. 내가 잘 생각하고 있는 것인지 좀 더 잘 생각하는 방법은 뭐가 있는지 배운 적도 없는 것 같고 배우려고 해본 적도 없는 것 같다. 이 책을 통해 내 생각에 대해 생각해볼 수 있는 계기가 되었다.[5]

《생각의 탄생》. 이어령 씨가 추천하신 책이라 흥미가 생겼다. 저자는 버지니아 울프, 다 빈치 등 역사상의 '천재'들의 예를 들며 '생각 도구'에 관한 지식을 전달한다. 확실히 막연히 **열심히** 하는 것으로는 **최고**가 될 수 없다. 단순히 영어 단어를 외울 때도 한 시간 만에 200단어 이상을 볼 수 있을 때가 있는 반면 어떤 날에는 50개도 힘들다. 단순히 공부를 열심히 '하는' 것도 좋지만 열심히 '생각'하는 것은 그 이상으로 중요하다는 것.[6]

창조적인 생각을 키워야 한다는 것과 하루아침에 되지 않는다는 것. 꾸준히 생각의 도구를 이용해 나를 업그레이드하자![7]

독자 리뷰에 나온 몇 가지 단어를 보자. '도전 정신', '열심히', '최고', 어딘가 자기 계발서를 읽었던 이들의 후기와 비슷하지 않은가. 2003년 자기 계발서 시장을 탄생시킨 주역이라고 할 수 있는 《성공하는 사람들의 7가지 습관》이라는 책을 읽고 '끊임없이 자신의 삶을 쇄신하라' 등의 7가지 습관을 되뇌는 것과 차이가 없어 보인다. 무엇인가 남들보다 더 열심히 배우고 익혀서 가치를 창출해내야 한다는 강박도 느껴진다. 이런 방식이라면 굳이 인문 분야의 책을 읽어야 할 필요가 있을까? 마치 조금 세련된 신종 자기 계발서 붐을 보는 것 같다.

자기 계발서를 100권 정도 읽었다는 한 블로거는 자기 계발서에 대해 '정보와 기술, 테크닉을 얻는 효과'라고 이야기한다. 꼭 그의 말이 아니더라도 우리는 자기 계발서에 대해 '다른 사람들보다 일도 잘하고 처세를 잘하는 방법을 알려주는 것'이라고 알고 있다. 그런데 어느 순간부터 인문학 분야에 꽂힌 책들이 자기 계발서를 읽는 방식과 거의 비슷하게 읽히고 있는 것이다. 이 책을 읽는 독자들은 대부분이 '천재들의 생각 방법'만 취한다.

천재들의 발상법을 공식을 만들듯이 추출해서 익히도록 하는 것이 인문서일까? 천재들의 발상법을 알아낸 이들은 그 천재들의 발상이 만들어낸 저작을 읽어보진 않는 것 같다. 이 책이 정말로 인문서로서 각광을 받은 것이라면, 또 그것을 긍정적으로 평가하려면 다른 인문서로 확장되는 통로의 역할을 했어야 하는 게 아닐까? 이것이 대중들이 접근하기 좋은 인문서가 할 수 있는 최소한의 역할이라고도 할 수 있겠다. 하지만 그러지 못했다. 오히려 이 책의 성공에서 영감을 받은 인문학 시장은 비슷한 제목의 책을 양산하기 바빴다.

최근 인문학 책 시장의 가장 큰 유행이라고도 할 수 있는 마이클 샌델의 《정의란 무엇인가》역시 그런 의미에서 짚어볼 점이 많다. 이 책은 2010년 5월에 출간되어 12주 동안 종합 베스트셀러 1위를 지켰다. 교보문고 개점 30년 이래 인문서가 종합 베스트셀러 1위에 오른 것은 이 책이 최초라고 한다. 이 흥행에 대해 지난 연말 거의 모든 일간지는 인문서의 부활이라고 반겼다. '자기 계발서에 질린 독자, 인문학 책 택하다'라는 기사도 눈에 띈다.[8] 실제로 인터넷 서점 yes24의 경우 인문 분야 매출이 이전 해에 비해 27퍼센트 늘었다고 한다.[9] 그런데 소문만큼 정말 인문학 분야는 부활했을까?

한 출판평론가는 《정의란 무엇인가》열풍이 오히려 위험한 환상이라고 이야기한다.[10] '한 권의 책으로 인문학 시장이 부활'했다는 이런 잘못된 분석이 '황폐화된 인문학 시장'을 은폐할 뿐이라는 것이다. 또한 출판사 대표는 2010년을 돌아보는 한 좌담회[11]에서 "한두 권이 베스트셀러로 롱런하긴 했지만 여전히 인문학 출판사들은 적자에 허덕이고 있는 것이 현실"이라면서 "하버드 대학이라는 간판과 대대적 광고 공세 등을 통해 확대 재생산하는 '베스트셀러 공식'이 인문학 분야에서조차 통하게 되는 것이 아닌가 하는 우려도 든다."고 인문학 분야 부활에 대해 부정적인 입장을 밝혔다. 누군가는 열풍이라고 이제 좀 제대로 자리를 잡았다고 이야기하는데 왜 누군가는 그렇지 않다고 이야기하는 것일까?

인문학의 부활을 이야기하기에는 시기상조라는 우려가 주로 들고 있는 사례는 인문학 분야의 빈익빈 부익부 현상이다. 2011년 2월 마지막 주, 교보문고 인문 분야 베스트셀러 목록 상위 20위권 순위를 살펴봤더니 눈에 띄는 특징이 있었다. 우선 다고 아키라의 《심리학 콘서트》, 김혜남의 《서른 살이 심리학에게 묻다》, 김준기의 《영화로 만나는 치유의 심리학》과 같은 최근 몇 년 사이 각광을 받고 있는 심리학 책이 20위권 안에 다섯 권이나 올라와 선전하고 있었다.

사실 베스트셀러 목록 속의 인문학 책들은 언뜻 봐도 학문적으로 그다지 가까워 보이지도 않고 인문학이라는 이름으로 이렇게 한꺼번에 묶여도 되는지 의아한 것도 있다. 대형 서점의 인문 코너에 가면 더욱더 이런 생각이 든다. 엄청난 면적의 인문학 코너에는 철학, 역사, 정치, 사회, 경제, 교육학 등등 다양한 분야가 있다. 인문학이 이렇게 다종다양한 분야를 아우르는 것이라면 인문학이란 분야는 도대체 무엇을 말하는 것일까?

그런데 인문 분야 베스트셀러 순위는 앞서 살펴본 것처럼 그렇게 다양한 분야를 아우르지 않는다. 물론 베스트셀러를 만들어내야 하느냐 하면 꼭 그렇지는 않다. 베스트셀러에는 올라가지 않더라도 꾸준히 좋은 인문서가 팔린다면 그거야말로 바람직하다.

하지만 이 역시 그렇지 않다. 대학가 서점에 가보자. 그리고 그곳에서 인문서는 어떻게 팔리고 있는지를 살펴보자. 팔리는 것은 거의 참고서뿐, 요즘은 전공 교재마저 도서관에서 빌려 보는 학생들이 많아 그것도 팔리지 않는다고 한다. 그나마 이렇게 둘러볼 대학가 서점이라도 있으면 다행이다. 대학가에 서점도 없다.

요즘 들어서는 제목에 '인문'이라는 말이 아예 들어가는 경우도 많은 것 같다. 그리고 그 책들은 독자들의 손이 잘 닿는 곳에 여러 권이 포진되어 있다. 2011년 3월 첫째 주 대형 서점 인문 분야의 '새로 나온 책' 코너를 살펴보았다. '인문'이라는 단어를 제목에 사용하고 있는 책이 여러 권이었다. 인문 분야뿐만이 아니었다. 문학이나 청소년, 어린이 코너에도 역시 '인문'이라는 단어가 자주 눈에 띄었다. 이 책들을 대강 훑어보고 든 생각은 굳이 인문이라는 말이 들어가야 하나였다. 그리고 이 책들이 '인문'이라는 단어를 넣었다고 해서 기존의 책들과 특별한 차이가 있는 것도 아니었다. 대부분이 이미 다른 책으로 인기를 얻었거나 각자의 분야에서 성공한 전문가의 책으로, 이들은 한결같이 자신들의 성공 비결에 인문학이 있었다고 한다.

이들이 말하고 있는 인문학적 소양이라는 것은 알고 보면 거의 비슷하고, 등장하는 철학자나 고전 작품도 정해져 있는 것 같다. 동서양 성현들의 말씀은 기본이고 '아인슈타인, 뉴턴, 에디슨' 같은 과학자, 그리고 '괴테, 단테, 셰익스피어' 등등 결코 혼자 읽을 일이 없을 것 같은 대가의 작품 또한 단골이다.

이렇게 한정된 소스로 인문학 책을 만든다고는 하지만 매번 기획은 새롭다. 이런 책들은 주요 인문 고전을 나열하고 줄거리를 요약하면서 에세이식으로 감상평을 쓰는 형태가 주를 이룬다. 이때 세대별로 타깃을 나눠 공략하거나 영화나 소설, 그림 등 기존에 우리가 흥미롭다고 생각해왔던 것과 함께 결합하면 할수록 좋다. '~와 함께 하는 인문학'이라는 콘셉트다. 이렇게 누구를 부르냐, 무엇과 만나냐에 따라 낡은 것이 새것이 되는 것이다.

하지만 문제는 이런 새로운 포장도 낡은 것을 새롭게 하는 것이 아니라 늘 뻔한 결론을 내린다는 것이다. 독자에게 스스로 인문 고전에 대해 생각해볼 기회를 제공하거나 새로운 문제의식을 주기보다는 상식적인 수준에서 마무리 짓는다. 혹은 때때로 방대한 고전 목록과 그것을 읽는 방법들, 이를테면 철학은 꼭 플라톤부터 시작해야 한다든가 하는 지침을 제시하면서 보통의 사람들에게 도달할 수 없는 높은 목표를 제시하는 데 그친다.

인문학에서 새로운 삶의 비전을 찾으려 한 사람들은 이런 책을 통해 상식 수준으로 요약된 인문 고전 줄거리를 피상적으로 알게 되면서 인문학도 별거 아니네 하고 가볍게 생각하거나, 반대로 방대한 양에 질린 사람들은 인문학은 역시 아무나 하는 게 아니네 하고 좌절을 느끼게 된다. 그런데 이런 요약된 책을 통해 동서양의 고전들을 모두 섭렵하는 것이 인문학일까?

4
소문 2 : 돈을 벌려면 인문학을 해라!

이러한 인문학의 유행에 따라 인문학을 소비하는 방식도 살펴볼 수 있다. 인문학 열풍의 키워드는 뭐니 뭐니 해도 실용성인 것 같다. 인문학을 '나눈다'는 기관들의 홈페이지에 들어가 각각의 기관의 인사말 내지는 인문학을 왜 해야 하는가라는 논조의 취지문을 읽어보았다.

인문을 좋은 자세를 잡기 위한 훈련이라고 생각해보세요. 누구나 운동을 배운 기억이 있을 것입니다. 그때 가르쳐주는 정석적인 자세를 무시하고 자기 편한 대로 하는 사람이 꼭 있습니다. 처음에는 그런 사람들이 잘하는 듯이 보입니다. 자기 몸에 편한 자세로 운동을 하니까요. 하지만 시간이 흐르고 보면, 지루하지만 올바른 자세를 배운 사람이 앞서 나갑니다. 그만큼 올바른 자세가 중요합니다.

(KB 레인보우 인문학)

인문학 강좌, 소개 등에서 가장 많이 눈에 띄는 단어가 '기초', '토대'라는 말이다. 여기서 이 '기초'란 무엇을 위한 기초일까? 먼 훗날 '앞서 나가기' 위한 기초다. '기초'를 단단히 하고 처음부터 '토대'를 바로 세워야 '앞서 나갈 수 있다'는 것이다. 이것은 매우 낯익다. 제도권 교육에서 '주요 과목을 기초부터 잘 다져야 한다고, 또 그것은 바로 스펙 관리 성공과 직결된다'고 강조하는 말과 크게 다르지 않다. 또한 한 인문학 전문 인터넷 카페는 "인문학 운동은 생각보다 훨씬 실용적이다. 돈을 버는 직접적인 기술을 가르쳐주지 않지만 내가 행복해질 수 있는 도구를 제공해준다."고 역설한다.

최근 인문학 분야의 인기 도서 중 하나인 《리딩으로 리드하라》는 노골적으로 인문학의 실용성을 강조한다. 이 책의 부제는 '세상을 지배하는 0.1퍼센트의 인문고전 독서법'이다.

인문고전 독서법이야말로 수천 년간 강대국과 지배계급이 권력과 부를 누리기 위해 소수에게만 전수해온 학습 비법이며 우리 역시 이것을 배워야 한다. 흔히 인문학은 돈이나 실용과는 거리가 먼 학문이라고 생각하기 쉽지만 자본주의 시스템을 만든 사람들, 그리고 그 시스템을 효과적으로 활용해 막대한 부를 일군 경영자와 투자자들은 모두 인문고전 독서광이었다.

(이지성, 《리딩으로 리드하라》, 문학동네, 2010년)

이제 인문학은 조금도 부끄러워하지 않고 말한다. 뒤처지지 않으려면 인문학을 해야 한다고 분명하게 다그친다. 성공한 사람들이 다 읽지 않았느냐! 인문학이야말로 실용 학문이다!

여기에 인문학이 아니라 다른 것을 넣어도 모두 통한다. 한때 뒤처지지 않기 위해 컴퓨터를, 영어를 배워야 했던 이들이 이제는 인문학을 배워야 하는 것이다.

얼마 전 스티브 잡스가 아이패드를 출시하면서 했던 연설은 이런 인문학 열풍에 다시 한 번 불을 지피기도 했다. 그는 "우리가 아이패드를 만든 것은 애플이 항상 기술과 인문학(Liberal Arts)의 갈림길에서 고민해왔기 때문입니다. 그동안 사람들은 기술을 따라잡으려 애썼지만 사실은 반대로 기술이 사람을 찾아와야 합니다."[12]라고 연설했다. 사실 잡스의 인문학 사랑은 이전부터 많이 인용되었다. 검색창에 아이패드 또는 스티브 잡스와 함께 인문학을 치면 "애플 따라가려면 인문학을 해라.", "입양아를 바로 키운 것은 인문학.", "붓글씨(인문학)를 배우지 않았더라면 매킨토시의 아름다운 폰트는 탄생하지 못했을 것이다." 등등 다양한 글이 검색된다. 결국 우리도 '잡스처럼' '인문학'을 공부해야 한다는 것이다.

인문학의 중요성을 이야기하는 데 우리나라 경영자들 역시 빠질 수 없다. 이건희 삼성전자 회장의 복귀 일성(一聲)은 다름 아닌 '관리의 삼성에서 창조의 삼성으로'였고, 구본무 LG그룹 회장은 2010년 경영 화두로 '자유로운 상상력'을 제시했으며, 윤석금 웅진 그룹 회장은 '끊임없는 혁신이 새로운 성장엔진'이라며 '창의 경영'을 주장했다. 바로 이들의 '창조 경영'에 '인문학'이 아이디어를 제공하고 있는 것이다. 롯데쇼핑의 경우는 사장뿐 아니라 임직원이 '서울대 인문학 최고위 과정(AFP)*'을 의무적으로 수강한다. '인문학적인 소양 없이는 사람을 상대하는 유통업을 이해할 수 없다.'는 생각 때문이라고 한다.[13] 실제로 CEO 인문학을 수강하고 나서 사업에 필요한 '아이디어'를 얻었다고 한다. "사람들 생각의 뿌리가 인문학이다. 뿌리를 알면 생각에 어떻게 어프로치할 수 있는지 알 수 있다. 디자인도 바로 거기에서 나온다."(디자인 업체 CEO) "박연폭포를 보면서 샤워기를 저렇게 만들면 어떨까 하는 생각이 들었다."(목욕탕용품 전문 업체 CEO)[14] "백화점 고객은 상품을 사러 오면서 '사랑', '풍요', '자유' 등 눈에 보이지 않는 가치를 요구한다. 이를 읽어내는 통찰력은 인문학이라는 자양분을 통해 길러진다."(쇼핑 업체 대표)[15]

문학평론가이면서 홍익대학교 인문대 학장인 진형준 씨가 낸 책은 CEO들이 갖추고 싶은, 혹은 갖추어야 할 수준의 독서 목록이 어떤 것인지 잘 보여준다. 책 제목은 《상상력 혁명: 따라갈 것인가, 창조할 것인가?》다. 인류학자이며 철학자인 질베르 뒤랑, 프로이트와 융, 바슐라르 등에서 대니얼 디포의 《로빈슨 크루소》와 미셸 투르니에의 《방드르디, 태평양의 끝》, 생텍쥐페리의 《어린 왕자》까지 언뜻 보면 별다른 공통점은 없어 보이지만 '인문학'이라는 이름으로 이 모든 것은 사이좋게 한 권의 책에 묶인다. 정말 일반의 상식을 뛰어넘는 조합이다.

이 책은 '이 한 권이면 경영에 필요한 인문학적 소양'은 모두 통달할 수 있다고 소개한다. 오바마가 연설 도중에 영시를

■ AFP는 '원천(原泉)으로'를 의미하는 라틴어 '아드 폰테스 프로그램(Ad Fontes Program)'의 약어라고 한다.

암송해서 감동을 주었듯이, 애플의 잡스가 붓글씨에서 영감을 얻어 디자인을 했듯이, CEO도 인문학 몇 마디는 읊을 줄 알아야 하는 시대가 된 것이다.

CEO 인문학 바람은 이들을 대상으로 하는 인문학 강좌에서도 찾아볼 수 있다. 서울대 인문학 최고위 과정(AFP), 서강대 최고 경영자 과정(STEP), SERI가 주최하는 인문학 조찬 특강 메디치 21 등등 CEO나 정재계 인사들을 대상으로 하는 인문학 강좌는 높은 수강료에도 불구하고 성업 중이다.[16]

2007년부터 시작된 서울대 인문학 최고위 과정의 경우는 아무나 들어갈 수 있는 곳이 아닌 것으로 보인다. 홈페이지에 들어가 보면 역대 동문들의 사진과 인사말이 나와 있는데 모두 한자리 차지했던 혹은 여전히 차지하고 있는 양반들이다. 그리고 입학 전형 맨 밑의 등록금란에는 '합격 발표 후 추후 통보' 한다고 쓰여 있다. 이런 강좌를 가만히 살펴보면 과목에도 특색이 있다. 직접 경영학을 다루기보다는 '동북아 역사', '중국 경제', '한국의 미' 등 역사와 문화에 대한 과목이 많다. 그리고 학기 중에 한 번 견학을 가는 과정도 많은데 실크로드 견학이 눈에 띈다. CEO들에게 대륙의 기상을 심어주기 위해서일까?

그런데 이런 CEO 인문학의 열기는 그들만의 것이 아니다. 이것은 기업 CEO가 될 가능성이 거의 없을 것 같은, 계층상으로는 정반대편에 있는 일반 직장인들에게 다시 퍼진다. 포스코 그룹의 경우 600명에 이르는 팀장 이상급 직원을 대상으로 한 달에 한 번씩 인문학 강좌를 연다. 포스코의 인문학 강좌를 소개하는 기사는 그 강좌에 대해 이렇게 말하고 있다. "지식을 통해 생산성 향상을 이끄는 지식근로자를 양성하는 교육이 골간을 이룬다."고 말이다.[17] 등골이 오싹하다. 노골적으로 생산성 향상을 위해 근로자를 양성하는 교육을 하고 있단다.

이제 인문학의 '목표'는 분명해졌다. '기업의 성장'을 위해, '경제 발전'을 위해, 그리고 더 나은 '국가'를 위해 쓰여야 하는 것이다. 이것이 바로 지금 인문학 소비의 가장 큰 목표인 것이다.

일반 직장인, 취업 준비생 역시 이런 실용적인 목적 아래 복무한다. CEO들이 비싼 돈을 들여서 제왕학을 공부하는 동안 이들은 책을 통해 CEO 인문학을 접한다. 정진홍의 《인문의 숲에서 경영을 만나다》(전 3권)는 이 분야의 베스트셀러다. 평범한 직장인으로 보이는 한 블로거는 이 책을 추천하면서 이렇게 말한다. "어떤 분야를 경영하든 가장 필요한 건 어떤 사건과 사물을 뚫어보는 통찰력이 아닐까라고 생각해요. 그리고 그런 통찰력을 기르는 데 가장 좋은 것은 지금까지 역사 속에 있었던 수많은 사건들, 인류가 고민하고 생각해왔던 것들, 문학, 역사, 철학으로 대표되는 인문학을 공부하는 것입니다." (블로거 김** 씨의 추천 글)

여기서 두 가지 의문이 든다. 그는 도대체 무엇을 경영하기 위해 이런 책을 읽는 것일까? 그리고 정말 이 책을 통해 '사물을 뚫어보는 통찰력'을 얻었을까? 'SERI가 주최하는 인문학 조찬 특강 메디치 21'의 강의안을 모았다는 이 책의 내용은 사실 특별할 게 없다. 소통의 본질은 '설득이 아닌 공감이며 공감 없이는 어떤 감동도 성공도 없음'을 강조한 장이나, 아부를

'인류 역사와 함께 진화해온 유산균과 같은 존재'라고 일컬으며 그 중요성에 대해 역설하는 부분은 굳이 인문학 책을 들춰보지 않아도 직장 생활 몇 년 해보면 알 만한 것들이다.

이렇게 온 기업의 CEO와 직원들이 열심히 인문학 공부에 매진해서일까? 최근에는 고객을 상대로 '인문학적 마케팅'을 하는 모습을 많이 볼 수 있다. 백화점 문화센터의 인문학 강좌는 유명 강사들로 일정표가 꽉 차 있으며, 고객들의 반응도 좋아 미리 수강 신청을 하지 않으면 조기 마감이 될 정도라고 하고, VIP 고객에 한정한 특별 강좌도 반응이 좋다고 한다.[18]

사실 이렇게 인문학과 마케팅이 만난 것은 포화 상태로 치닫고 있는 요즘 같은 소비사회에서 필연적인 현상이기도 하다. 지금 기업과 광고 시장은 이미 해볼 것은 다 해봤다고 할 정도로 진화했다. 기술적으로도 마케팅적으로도 최첨단이라고 할 수 있다. 물건은 차고 넘치고 누가 최고라고 말하기도 머쓱한 상황에서 기업이 새로운 포장으로 삼고 있는 것이 바로 인문학이다. 인문학을 통해 '돈만 아는 기업'이 아니라 '인간을 생각하는 기업'이라는 이미지를 창출하려는 시도라고 한다. 이렇게 기업에게 인문학은 하나의 새로운 이미지 전략인 것이다.

인문학을 이용한 이미지 쇄신 전략은 실제로 꽤 효과적이기도 하다. 지난 2009년 KB국민은행은 'KB 레인보우 인문학'이라는 인문학 웹진을 시작했다. 각 분야의 인문학 전문가가 한 꼭지씩 칼럼을 쓰는 것이다. 고객들은 별도의 회원 가입이나 돈을 지불하지 않고도 '양질의 인문학 칼럼'을 볼 수 있다고 한다. 그리고 경제 전문가이면서 의사이기도 한 레인보우 인

문학 필자를 모델로 한 레인보우 인문학 이미지 광고는 지난
해 광고 대상을 받기도 했다. 기업은 적은 돈으로 이미지를 높
일 수 있고, 고객들은 공짜로 인문학 칼럼을 읽으며 교양 수준
을 높일 수 있다는 것이다.

5
소문 3 : 비판하지 말고 깨달아라? 나르시시즘적 인문학!

인문학 열풍에서 감지되는 또 다른 유형은 바로 '반성'의 인문
학이다. 우선 인문학에 관심을 갖게 된 이유가 이렇게 살아도
되나 하는 반성에서 시작된다. 이런 반성이 꼭 나쁜 것은 아니
다. 무엇을 하든 새로운 일을 시작하는 동기에 자기비판이나
반성이 있을 수 있다. 인문학에 관심을 가졌다는 한 네티즌의
이야기다. "연말연시. 잦은 술자리. 소주 한 잔에 나의 뇌 주름
은 하나둘씩 펴져가고. 친구들을 만나면 자주 가는 커피숍에
선 주로 하는 이야기가 남자, 연예인, 결혼, 최근 임신한 친구
덕에 육아까지. 한참을 웃고 떠들다보면 스트레스는 풀리지만
머릿속은 하얘진 기분. 주말이 오면 나가 놀기 바쁘고, 또다시
일요일 밤엔 우울함이 급습. 개콘으로 달래고. 또 정신없이 보
내다보면 계절이 바뀌어 있다. 독서는커녕 매일 보는 신문도
네이버뉴스에서 자극적인 기사 제목에만 자꾸 낚여서 읽게 되
고 이렇게 가다간 뇌의 주름이 너무 급격하게 펴질 것 같은 불
안함. 짧디짧은 점심시간에 국민은행 홈페이지 접속만으로 읽

을 수 있는 뇌 주름 방지용 '종합 지식 비타민'이 있어 자신 있게 소개하고자 한다."(네이버 블로거 an********) 그리고 더불어 "이 글들을 읽으면 의외로 별걸 다 아는 꽤 괜찮은 사람으로 인정받을 수 있을 것 같다."고 포부를 밝힌다.

이런 네티즌들은 정말 많다. 인터넷에 수많은 인문학 관련 블로그들. 주요 인문서 제목을 치면 수많은 네티즌이 리뷰라고 올려놓은 것들이 나오지만, 몇몇 이름난 필자 외에는 담론을 이끌어내기는커녕 한두 마디 끼적거리는 것이 전부다. 이렇게 많은 이들이 점심시간엔 인문학에 '접속'하고 다시 일상을 영위한다.

이런 '반성의 인문학'에 대해 "심각한 경제 불황 속에서 그 어디에도 마음 둘 데 없는 사람들이 자신의 내면을 돌아보면서 심리적 안정을 찾으려 하는 경향", "혹독한 경쟁 속에서 온통 물질적 발전에만 관심을 쏟아왔던 그동안의 우리 자신과 사회에 대한 내면적 성찰" 때문이라는 분석이 이어진다. 이런 분석은 현재 인기 있는 인문학 강좌의 과목들과 강사들을 봐도 알 수 있다. 주로 동서양의 고전들과 우리 사회의 원로라고 대접받는 어르신들이 사실 인기 강사이기도 하다. 동서양의 고전을 읽는다는 것 자체가 나쁜 것이 아니다. 문제는 대부분이 그 고전의 알맹이는 빼고 거의 다 비슷비슷하게 무색무취의 좋은 '말씀'으로 둔갑시킨다는 것이다. '위험한' 책도 고르지 않지만 행여나 새롭게 해석될 여지가 있는 부분이 있더라도 대체로 거세해버린다. 그렇게 얄팍해진 고전에서 추출한 '좋은', '아름다운', '유익한' 말씀으로 현재의 삶을 깨닫고 반성하게 하는 것이 문제라는 것이다.

이런 '반성의 인문학'에 대해 비판의 목소리도 만만치 않다. 이택광의 《인문좌파를 위한 이론 가이드》, 박가분의 《부르주아를 위한 인문학은 없다》 등의 책이 그러하다. 그런데 이런 비판적인 목소리가 있다는 것을 인식한 탓일까? 지난해 한 신문에는 '비판의 인문학, 통찰의 인문학'이라는 칼럼이 실렸다.[19]

이 칼럼의 요지는 "인문학의 위기는 '비판의 인문학' 지지자들의 목소리가 너무 강한 데서 온 것"이며, "인문학 전공자의 대다수가 졸업 후 사회로 진출하는 현실에서 기존 질서와 가치에 대한 비판만 고집하면 인문학의 고립을 자초할 뿐"이라고 경고한다. 그러면서 '비판의 인문학'의 예로 학과 구조 조정을 반대하며 벌인 중앙대학교의 크레인 농성을 들고 있다. 성찰의 인문학을 강조하면서, 중앙대학교 학생들이 지키려 한 그 '인문학'은 왜 거들떠보지 않는가. 혹시 대학의 인문학 수준이 너무 낮아서인가.

반면 그들이 통찰의 인문학이라고 말하는 인문학 프로그램 '길 위의 인문학'을 보자. 도산서원에서 퇴계의 발자취를 따라 걷는다. 전망대에 올라간 교수는 이런 말씀을 전한다. "현명한 사람은 물을 좋아하고 인자한 사람은 산을 좋아한다고 했다."며 "앞을 막는 바위가 있으면 물처럼 돌아서 가되 옳다고 생각한 것은 절대 바꾸지 않는 산처럼 현명하고 어질게 살라는 퇴계의 가르침을 가슴 깊이 새기자."(초빙 강사로 참가한 고려대 교육학과 신창호 교수) 이런 말씀을 새겼는지 한 수강생은 이렇게 소감을 밝힌다. "퇴계 선생에게서 끊임없이 수양하고 반성하는 삶의 자세를 배웠다."('길 위의 인문학'을 탐방한 수강생) 그리고 기자는 칼럼 말미에 지금 필요한 것은 인간에 대한 깨달음이 있는 인문학이라고 주장한다.

인간에 대한 깨달음이라. 그가 말하는 인간에 대한 깨달음이 무엇인지 나는 잘 모르겠다. 대학이 돈이 되는 학문을 하겠다고 '인문학부'를 구조 조정하는 것은 그 '인문학'에는 깨달음이 없기 때문일까? 그들이 깨달음의 인문학이라고 부르는 것은 무엇일까? 혹시 주말 동안 인문학으로 깨닫고, 다음 날부터는 평온한 일상으로 돌아가는 것일까?

물론 일상은 중요하다. 하지만 인문학이 단지 일상과 동의어이거나 일정 정도 겹쳐지는 것이라면 보통의 휴가와 다를 것이 무엇이겠는가. 현대사회의 도시인들이 죽어라 일하다 휴가를 떠나고, 돌아와서는 다시 죽어라 일하는 것과 다를 게 없어 보인다. 인문학이 더 열심히 일하는 사람을 만들기 위한 알리바이가 된 것이다.

이런 인문학을 통해서는 평생 '깨달음'에 다다를 수 없다. 인문학이 '패배를 승리로 바꾸는' 정신 승리법인가. 정신 승리법만 배우다가는 형장으로 가는 마지막 순간까지 자신이 어떤 처지에 놓였는지 모르는 아큐처럼 될지도 모르겠다.

하얗게 반짝이는 은전 더미! 더구나 자기 것이었는데 지금은 없어져버린 것이다! 자식이 가져간 셈 치자고 해도 여전히 마음이 개운치 않았다. 자기를 벌레라고 해보아도 역시 마음이 개운치 않았다. 그도 이번에는 실패의 고통을 조금 느꼈다.

그러나 그는 금세 패배를 승리로 바꾸어놓았다. 그는 오른손을 들어 자기 뺨을 힘껏 연달아 두 번 때렸다. 얼얼하게 아팠다. 때리고 나서 마음을 가라앉히자 때린 것이 자기라면 맞은 것은 또 하나의 자기인 것 같았고, 잠시 후에는 자기가 남을 때린 것 같았으므로—비록 아직도 얼얼하기는 했지만—만족해하며 의기양양하게 드러누웠다.(루쉰, 전형준 옮김, 《아Q정전》, 창작과비평사, 1996년, 76~77쪽)

6
또 다른 세상을 향한 한 걸음—불온하지만 즐겁게

김난도의 《아프니까 청춘이다》[*]는 에세이류로 분류되지만, 김 교수는 인문 분야의 인기 강사이기도 하다. 서울대 학생들이 뽑은 최고의 명강의 주인공으로 선정되었고, '란도쌤'이라는 별명으로 더 유명한 그의 책은 20, 30대 젊은 독자는 물론이고 부모 세대 사이에서까지 인기라고 한다. 김 교수는 "젊은 그대들에게 부족한 것은 스펙이나 학점, 자격 요건이 아니라 자신에 대한 성찰이라는 사실을 절감"하라는 충고를 한다. 그런데 이 이야기가 별로 낯설지 않은 것은 왜일까? 이렇게 당연한 소리를 하는 책이 베스트셀러 1위라는 사실이 놀랍다. 그러면서도 그는 어떻게 해야 이 경쟁 사회에서 지쳐 쓰러지지 않고 '진짜' 최고가 될 수 있는지 그 방법을 알려주기를 멈추지 않

---

[*] 교보문고 2011년 2월 4주간 종합 베스트셀러(02. 23~03. 01) 순위는 다음과 같다. 1위 《아프니까 청춘이다》, 2위 《정의란 무엇인가》, 3위 《생각 버리기 연습》.

는다.

4년 전 처음 인문학 강의를 들을 때와 마찬가지로 나는 직장과 연구실을 오가면서 공부를 하고 있다. 주변 친구나 가족은 이런 내 생활에 대해 많이 의아해한다. 연구실에 대해 잘 모르는 한 친구는 내가 대학원에 다니는 줄 알았단다. 늘 뭐하냐고 물어보면 "연구실에 있어." 이렇게 짧게 답했더니 그런 오해를 한 것이다. 대학원에 다니는 게 아니라 그냥 공부한다고 말했을 때 그 친구는 나를 걱정했다. 그녀 자신도 박사과정까지 마친 '공부하는 여자'인데도, 자격증이 나오는 것도 아니고 그다지 쓸모가 있어 보이지도 않는 공부를 하는 내가 한심해 보였나 보다.

물론 이렇게 직장을 다니고 공부를 하는 일상이 마냥 편안한 것만은 아니다. 그것은 돈 벌 시간에 공부를 한다는 조바심 때문도 아니고 이것이 당장의 쓸모와 연결되지 않는다는 안타까움 때문도 아니다. 진짜 문제는 '인문학'이라는 고고한 '이름'에 현혹되어 이러는 것은 아닌지 의구심이 들 때다.

인문학 주변에는 정말 많은 소문이 떠돌고 있다. "인문학이 부활했다." "돈을 벌기 위해선 인문학을 해라." "자아 성찰을 위해서는 인문학을 해야 한다." 이런 인문학에 관련된 소문은 하나같이 인문학을 꼭 해야 할 것으로 권장하고 있다. 하지만 안타깝게도 나는 여기서부터 인문학의 위기가 시작됐다고 생각한다. 무엇인가가 대표성을 띠고 제도화되는 순간에 그것은 그 틀을 넘어서서는 사고될 수 없게 된다. 인문학에 대한 어떤 고민도 없이 그저 좋은 것이니까 누군가의 이름을 찾아 쫓아

다니는 순간 인문학은 스펙을 쌓기 위한 또 다른 조건이 되어 버린다.

나는 다시 인문학 공부가 뭔지도 몰랐던 때로 돌아가려고 한다. 내가 인문학이 뭔지도 모르면서 인문학 강좌를 수강할 때 그때 그 마음은 분명히 인문학이 유행이라서도 아니고, 돈을 벌기 위해서도 아니며, 깨달음을 위해서도 아니었다. 가정이나 학교, 직장에서 행복하기 위해서는 마땅히 따라야 한다고 가르쳐줬던 것들이 오히려 나 자신을 옭아매는 것으로 작용할 때 얼마나 답답했는지 모른다.

내가 강좌를 듣기 시작한 것은 일상을 조금이라도 바꿔보기 위함이었다. "되는 대로 아무렇게나 살아버려야지." 하는 방종이 아니라, "세상이 왜 이 모양이야." 하고 골방에서 불평불만을 하는 것도 아니라, 그리스인 조르바처럼 가볍게 춤을 출 수 있도록 우리의 감각을 바꿔줄 때 인문학이라는 낡은 이름도 의미가 있는 것이 아닐까?

이렇게 새로운 감각을 습득한다는 것은 내가 영위하고 있었던 기존의 일상을 상실할지도 모른다는 '불안'에서 시작된다. 연구실에 와서 공부를 하면 할수록 "내가 지금 하는 일이 잘하는 일 맞나요?" 하고 질문하게 된다. 나 역시도 그렇고 연구실에 찾아오는 친구들이 자꾸 하는 질문이기도 하다.

여기에 답은 없다. 중요한 것은 내가 이미 불안을 느끼기 시작했고 이전의 나로 돌아갈 수 없다는 것이다. 나는 이제 나에게 좋은 것을 찾기 시작했고 그것은 남과 다른 것이다. 이것이 더 잘 먹고 잘 살자는 웰빙이 아님은 물론이고, 다른 이와 구별되는 독특한 취향을 말하는 것이 아님은 물론이다.

　새로운 세계는 나를 계속 불편하게 하고 불안하게 하는 것이 덮치는 순간 시작된다.

주

1   케이블 채널 tvN '시사콘서트 열광'. 2010년 6월 20일 방송분.

2   〈경향신문〉, 2007년 12월 21일자.

3   '교보문고 올해 베스트셀러 1위는 '시크릿'', 〈연합뉴스〉, 2007년 12월 12일자.

4   'CEO, 인문학에 길을 묻다', 〈한국일보〉, 2007년 10월 24일자.

5   http://overcupoak.blog.me/120063882583

6   http://blog.naver.com/ok8802281?Redirect=Log&logNo=10104562166

7   http://blog.daum.net/styenrwin/8494495

8   '자기 계발서에 질린 독자, 인문학 책 택하다', 〈연합뉴스〉, 2010년 6월 20일자.

9   '마이클 샌델 … '정의' 열풍 지피고, 인문서 바람 이끌고', 〈중앙일보〉, 2010년 12월 29일자.

10 "만일 이 책의 성공에 관한 분석이 옳다면, 이 주제를 다룬 동서고금의 수많은 저작이 조금이
    라도 매출이 상승한 자취가 발견돼야 한다. 그러나 현실에서 그런 움직임은 전혀(!) 감지되지
    않는다." 출판평론가 변정수, '상업성에 물들고 새로운 글쓰기 탄생하다, 2001~2010년의 출
    판 키워드 10+', 〈한겨레 21〉 843호, 2011년 1월 7일자.

11 '출판 전문가 5인이 되돌아본 2010', 〈서울신문〉, 2010년 12월 18일자.

12 '스티브 잡스의 인문학 예찬', 〈동아일보〉, 2010년 1월 30일자.

13 '경영학자들이 뽑은 '올해의 최우량 기업' 롯데쇼핑 이철우 사장', 〈매일경제〉, 2010년 8월 22
    일자.

14 '인문학 열풍 진원지 … 삶의 이치에 빠져 수업 끝나도 토론 삼매경', 〈중앙선데이〉, 2010년
    11월 21일자.

15 '서울대 인문학 최고위 과정 수료식', 〈한국일보〉, 2007년 12월 19일자.

16 '강의 듣는 CEO들 : 공부 많이 해야 깊숙한 경영한다 : 인문학·와인·승마 등 이색 강의 열
    풍 … CEO들 열기도 갈수록 뜨거워', 〈이코노미스트〉 통권 906호, 2007년 9월 25일.

17 강좌 기사를 통해 살펴본 바에 따르면, 철학(鐵學)과 철학(哲學)을 아우르는 문리통섭형 인재
    양성을 위해 통섭 학습을 운영한다. 토요 학습, 수요 인문학 강좌, 월례 학습 등의 프로그램이
    진행 중이다. '책 읽는 포스코 창의력이 철~철~, 올 화두 '지식근로자 양성' … 독서경영 3.0
    돌입', 〈문화일보〉, 2011년 3월 5일자.

18 "현대백화점 본점의 경우 지난 여름학기 인문학 강좌는 총 90개로 5년 전 44개보다 두 배 이

상 늘었다. 강좌 수뿐만 아니라 강의실 구조도 특별한데 기존 강의실에서 책걸상을 없애고 수
강생이 강단 쪽으로 원형으로 둘러앉는 고대 그리스 학당 모양의 원형 계단형 강의실로 개조
공사를 했다." 〈동아일보〉, 2010년 7월 10일자.

19 '비판의 인문학, 통찰의 인문학', 〈조선일보〉, 2010년 4월 23일자.

최진석

2 인문학에 저항하는 불온한 사유를 시작하다

불온한 인문학을 위한 시론

최진석　　대학원에서 러시아 문학과 비평사를 전공으로 삼았고, 러시아 국립 인문학 대학교에서 문화학으로 박사 학위를 받았다. 연구공간 수유+너머에 머무르다가 2009년부터 노마디스트 수유너머N을 새로 꾸려서 활동 중이다. 공식적인 학력란에는 대학교 시간강사라고 적지만, 실제로는 연구실에서 친구들과 논쟁하며 글 쓰고 공부하는 게 본업이라고 생각한다. 덕분에 전공 학회에서 논문을 발표하거나 토론을 맡을 때는 당황해하기 일쑤지만, 전공 바깥의 넓은 세상을 이리저리 주유하는 재미를 누리게 된 걸 진심으로 다행스럽게 생각한다. 최근에는 그 '재미'의 이면에 자리 잡은 정치적 문제의식으로 관심을 돌리고 비판적 사유의 단초를 찾는 중이다. 말과 사유, 문화의 정치적 동력학이 최근의 과제다. 함께 쓴 책으로는 《문화정치학의 영토들》(2007년), 《코뮨주의 선언》(2007년) 등이 있고, 옮긴 책으로는 《레닌과 미래의 혁명》(2008년, 공역), 《해체와 파괴》(2009년) 등이 있다.

불과 10여 년 전 '대안 대학'을 내세우며 수유＋너머, 철학 아카데미 등 비제도권 단체들에서 '실험' 되었던 인문학 강좌들이, 지금은 매 분기별로 국공립 도서관과 문화센터, 동사무소, 호텔과 백화점 등에서 정규적으로 시행되고 있다.

문(文)·사(史)·철(哲)로 대변되는 비실용적인(그래서 '고급스럽다'고 여겨지던) 지식 체계에 일반 대중들도 가볍게 다가갈 수 있게 되었으며, 기업 경영이나 공무 수행의 실용적 차원에서도 인문학적 소양은 어느덧 필수 요소처럼 인지되는 형편이다. 각급 지방자치단체나 사설 사업장 등에서 인문학 연구자들을 초빙해 업무와는 별 상관 없어 보이는 문학 작품과 신화, 역사와 사상에 대한 강연을 듣는가 하면, CEO나 공무원을 위해 전문적으로 기획된 인문학 교과서들도 시중에서 널리 팔리고 있다.

제도적 교수 장치를 넘어선 인문학이 찾아간 곳은 비단 안온한 일상만은 아니다. 사회 주변부와 저변부에 소외된 이웃들에게도 인문학의 손길은 가닿아 재소자와 노숙인, 빈민을 위한 다양한 강의들이 잇달아 개설되고 있다. 이제 인문학은 지식의 확대와 전파에 그 소명을 그칠 게 아니라, 사회의 상처받고 힘겨워하는 이들에게 '치유'와 '화해'의 중재자로도 나설 것을 요청받는 상황이다. 요즘처럼 경기가 불황일 때, 청년 실업자들이 거리로 내몰릴 때 가장 필요한 것은 '희망'과 '위로'를 선사하는 인문학이며, 인문학 안에는 현재의 곤경을 물리치고 행복한 미래를 설계할 길이 열려 있다는 선언을 듣는 게 이제 그리 낯선 일은 아니다. 뉴스와 광고가 일상의 인문학이 얼마나 소중한 것인지를 시시때때로 일깨워주니, 정말 그런 것처럼 우리는 믿는다.

1
2011년 대한민국, 인문학의 전성시대?

2011년 현재 대한민국에서 인문학의 부흥은 하나의 사회적 현상을 넘어 어느새 삶의 당연한 풍경으로 자리 잡은 느낌마저 든다.[1] 지난 세기의 끝에 '인문학의 위기'를 개탄하며 빈궁과 소외가 인문학의 본래 운명이 아니냐고 자위하던 시절과 비교한다면, 지금 인문학의 외연 확대와 대중화는 정말 확연한 시절의 차이며, 새로운 호기(好機)의 신호가 아닐 수 없다. 아무도 인문학을 원하지 않는다고 걱정하고 있을 때 대학과 제도의 바깥에서 감행되던 인문학 실험들은, 이제 도처에서 나부끼는 인문학의 깃발을 목도하면서 소기의 성과를 달성했노라고 호언해도 좋을까?

현실은 그다지 낙관적이지 않은 듯하다. 지금 인문학의 '부흥'이 뜻하는 것은 강단과 기업의 요구 및 출판물의 홍수에서 보듯 주로 인문학에 대한 사회적 인식의 증대와 그에 따른 소비 대중의 확충일 것이다. 하지만 제도 밖에서 인문학적 주제들을 실험하던 집단들은 비록 수적으로는 약간 늘어났어도, 예나 지금이나 여전히 소수성을 면치 못하는 게 사실이다. 대학의 '대안'으로서 시작되었던 이 흐름은 재정적 자립도에 있어서나 사회적 인정과 발언력에 있어 오히려 과거의 '위기' 상황으로부터 크게 벗어난 것 같지 않다.

그럼 대학 강단으로 도입된 인문학은 어떨까? 삶을 풍요롭게 살찌우는 학문이란 인식 하에 인문학적 주제가 교양 혹은 특강의 형태로 개설되는 게 요즘 대학의 유행이라면 유행이다. 더 멀리는 학과와 학부라는 제도적 틀에 국한되었던 교과목들이 학제 간 연구에 대한 시대적 요구와 독려 등으로 더 개방되고 다양화되기도 했다. 하지만 신자유주의적 패러다임과 결부된 이런 동향은 대학을 인수한 기업이 효율 위주로 구조조정을 추진한 사례[2]나 기업가가 인문학을 외판 전술의 하나로 간주한 사례[3]에서 보듯 인문학적 다양성의 폭과 깊이에 오히려 적대적인 것임을 잘 보여준다. 도대체 무슨 일이 벌어지고 있는가?

알다시피 1990년대에 점화되었던 '위기' 담론의 핵심은 인문학의 과소 소비에 대한 논쟁이었다. 쉽게 말해 인문학이 '안 팔리고 있다'는 게 문제였다. 재생산의 주축이어야 할 대학에서 인문학은 학생들의 외면을 받고 전공 학과가 폐지되며 대중들로부터 더 이상 존경과 존중을 받지 못하는 게 지난 위기의 쟁점이었다. 그래서 유수의 대학 학장들이 모여 선언서를 낭독하고 '고사 직전'의 기초 학문에 국가적 지원을 촉구하며 '보호 학문'으로 지정해주길 탄원했던 것이다.[4] 외관만 보면 지금은 정반대의 상황이 연출되고 있다. 이제는 과소 소비가 아니라 인문학의 과잉 소비가 문제다. 관민이 일심이 되어 인문학의 중요성을 역설하고, 각종 교양서와 교과서가 넘쳐나며, TV를 켜면 유명 저자들과 교수들의 특강이 펼쳐진다. 그럼에도 불구하고 인문학의 '전성시대'란 구호는 또 다른 '위기'에 대한 경각심을 일깨워준다. 상황은 바뀌지 않았거나, 혹은 이전과는 전혀 다른 상황이 벌어지고 있다. 이 사태를 이해하기 위해 우선 지난 위기의 쟁점과 해법을 간단히 돌아보고 현재의 위기를 진단해보자.

2
인문학의 과잉 소비?―다시 인문학의 위기가!

큰 틀에서 범박하게 말한다면, 1980년대 한국 사회의 이데올로기적 지형을 구성하던 '자본과 노동의 대립'이 현실 정치적

최진석

여건의 변화로 1990년대에 접어들면서 '문화의 장'으로 통합되어 전환되는 일이 벌어졌다. 이때 문화는 대중의 정치적 관심과는 거리를 둔 채 개인의 욕망을 자유롭게 발산하는 소비사회의 전면화를 뜻했다. 민족과 민주주의, 통일과 해방을 역설하던 거대 담론들은 뒤로 물러나고 그 자리를 욕망과 소비의 미시 담론들이 차지했다. 인문학 위기의 가까운 원인으로 자주 지목되는 사회 의식적 패러다임의 변화가 바로 이것으로, 진지하고 연속적인 근대적 지식 체계의 몰락에 연이어 가볍고 불연속적인 탈근대적 유동성이 부상했다는 것이다. 전통적인 지식의 체계(system)뿐만 아니라, 그 지위(status)마저 더 이상 확실성과 유효성을 인정받을 수 없게 되었다.[5] 기성의 학문 체제에 속해 있던 인문학이 이런 변동을 감당하지 못하고 파열하게 된 것도 무리는 아닐 것이다.

위기를 타개하고자 여러 가지로 모색되었던 방안들을 일일이 돌아볼 필요는 없겠다. 다만 그 주의주장을 크게 세 가지 입장들로 간추려본다면 다음과 같다. 첫째, 인문학의 영토를 다시 확정하고 굳게 지키자는 주장. '문화'라는 애매모호한 영역에 인문학이 흡수 통합되는 현상을 경계하고, 제도적으로 안전하게 설정된 영역을 견고히 지켜 학문의 고유한 지배력을 유지하자는 것. 이런 입장의 전제는 학문은 생활과 다르며, 당연히 후자의 외관을 특징짓는 문화와도 다르다는 것이다. 근대 이래로 제 나름의 논리와 방법론을 통해 구축된 분과 학문의 영토를 함부로 뒤섞고 넘나들 필요도 없으며, 연구자들은 단지 가던 길을 계속 가면 될 뿐이다. 이를 인문학의 '보수주의'라고 부를 수 있겠다. 둘째, 첫째 입장과는 정반대로, 인문학은 수성(守成)에 애쓰지 말고 역으로 타 영역들, 다른 분과 학문들뿐만 아니라 자연과학과 그 이상에 이르기까지 영토적 확장을 꾀해야 한다는 주장. 근대 과학의 발전을 선도했던 것은 상상력으로서 인문학이며, 그런 한에서 인문학은 토대적 학문으로서 의의를 유지한다. 따라서 인문학의 '제국주의적' 확장은 본질적으로 나쁜 게 아니라는 입장이다. 셋째, 단순한 수성도 확장도 아닌 인문학의 횡단적 특성을 강조하는 입장. 학제적(interdisciplinary) 연구로서 인문학은 본래 고유한 영토가 없다. 차라리 필요한 것은 다른 분과 학문들과의 만남과 충돌, 사건을 통한 자기 변이에 있다. '노마디즘'을 표방하는 이 입장에서 본다면 근대 이래로 구획되어온 학문의 분과적 경계와 위계는 무의미해진다.

일단 주안점을 두고 살펴야 할 입장은 세 번째다. 왜냐하면 세 가지 입장들은 현재 어떻게든 인문학의 노마디즘이란 흐름으로 수렴되는 경향이 있기 때문이다. 내세우는 모토나 강도는 다르지만, '크로스오버'는 지금 인문학 전성시대의 대세라 할 만큼 널리 확산되어 있다. 실제 양상이 어떠하든 현재 인문학의 주창자들은 '횡단'과 '통합'을 인문학 최대의 화두로 제안하고 있다.

노마디즘 인문학을 정식화한 이진경은 위기의 근원이 소비가 아니라 생산에 있음을, 변화된 시대사적 지형 속에서 다른 생산의 실마리를 찾지 못한 실패와 무능력에 있음을 지적한다. 담론 생산의 물질적 조건들이 달라지고, 그렇게 생산된 담

　　　　　　　　　　　　　　　　　　　　　최진석

론들은 이전과는 다른 현실을 가리키는데 구태의연하게 과거의 영광만 재현하려고 애쓰는 인문학 생산자들은 소비자들만을 탓하며 위기를 운위한다는 것이다. 위기는 인문학이 죽어가는 징표가 아니라 인문학의 새롭게 달라진 생산 조건을 적시해줄 따름이다. 근대 이래로 학문의 가능 조건들을 표시해온 경계들, 영토들을 가로지르며 접속하는 것, 그렇게 새로운 생산물들을 산출하는 것이 ('학제 간'을 넘어) '학제-변환적 (trans-disciplinary)' 노마디즘의 인문학이라 할 수 있다. "이는 의당 지적 생산의 영역, 영토성에 근본적인 변화를 동반할 때만 가능하다. 어떤 지식도 자신이 그어놓은 경계, 분과의 금 안에 안주할 수 없게 된 것이다. 뇌 과학의 성과를 모른 채 인식이 무엇인지를 철학적으로 논변하는 것이나, 분자생물학이나 인공 생명 연구의 성과를 모르면서 인간이나 생명에 대해 사유한다는 것은 불가능하다. …… 이런 점에서 모든 지식은 분과의 형태로 존재하는 지식의 낡은 영토에서 벗어나 다양한 영역을 횡단하는 탈영토성을 강화해야 하며, 분과가 요구하는 낡은 연구의 규칙(code)들에서 탈코드화되어야 한다."[6]

원칙적으로 이 주장의 유효성을 거부할 사람은 없을 것이다. 인문학이 사멸해가고 있다고, 국가적으로 보호되고 육성되어야 한다고 유난을 부리던 것은, 지금 따져볼 때 원인을 옳게 파악하고 세운 타개책이 아니었을 것이다. 재생산이 아닌 '다른' 생산, '새로운' 생산에 대한 테제는 항상 추구될 필요가 있다. 그것이 '무엇을(what)'이 아니라 '어떻게(how)'로서의 생산에 대한 물음이라면 더욱 그렇다.

그런데 문제는 자본주의사회에서 생산은 언제나 소비에 추월당하고 있다는 데 있다. 학교와 도서관, 교도소와 백화점에서 인문학이 차고 넘치는 만큼 인문학은 허겁지겁 소비되고 재빨리 상표를 바꿔달며 다시 유통의 회로에 투입된다. 인문학이 몰락하는 진정한 이유는 새로운 생산을 못하기 때문일 뿐만 아니라, 더욱 근본적으로 이와 같은 소비의 순환에 갇혀 생산의 새로움을 지속적으로 착취당하고 있기 때문은 아닐까? 새로움의 진가를 누리기도 전에 '소비자들'은 이내 식상해하고, 곧장 또 다른 새로움을 요구한다. 새로움은 종종 진리가 되기도 하지만, 진리의 새로움이 늘 이해되고 삶의 풍요로 이어지는 것은 아니다.[7] 그리고 지금, 실제로 소비가 문제시되고 있는 것이다.

가령 '노마드'와 '노마디즘'을 예로 들어보자. 들뢰즈와 가타리에 의해 제창된 유목주의는 숱한 오해 속에도 탈근대의 패러다임 중 가장 유력한 것 가운데 하나가 되었다. 자본과 권력이 우리의 감각과 사유, 무의식을 잠식하는 것으로부터 탈주하라는 주문은 새로움을 추구하는 누구에게든 지상명령과 다름없다. 하지만 아이러니하게도 탈주에 대한 언표는 자본주의의 (비)물질적 기제에 쉽게 포획되어 실현되곤 한다. 언제 어디서든 노마드로서 자유를 맛보려면 아이폰과 아이패드를 소유해야 하며, 신속한 기동성과 안락한 여유를 위한 최신식 SUV를 몰아야 하고, 현재 직업을 부담 없이 훌훌 털고 떠나버릴 수 있는 부(富)를 유지해야 한다. '디지털 잡 노마드'란 한편으로 전 세계적 범위에서 자유롭게 이동하는 이주 노동자를 뜻하지만, 다른 한편으로 그것을 물질적으로 가능하게 해주는 재력의 소유자를 뜻할 것이다. 요점은 인문학의 생산이 그것을 소비의 회로 속에 끌어들이는 자본의 포획력에 뒤처지며, 그래서 인문학의 생산만큼이나 소비의 양상이 진정 문제적인 것으로 부각된다는 점이다.

당장 떠오르는 반론은 인문학의 생산 속도를 더욱 빨리함으로써 자본의 추격을 떨쳐버리면 되지 않느냐는 것이다. 하지만 인문학이 당장의 즉발적인 감각에 호소하는 게 아니라 의미와 가치의 향유를 통해 다른 의미와 가치를 산출하는 것이라는 데 동의한다면, 속도의 극한에 호소하는 게 정확한 답안은 아닐 듯싶다. 그럼 어떻게? 차라리 해법은 '어떻게' 생산할 것인가를 물었던 데서 더 나아가, 그렇게 생산되는 인문학은 과연 '어떤(which)' 것인가를 질문하는 데서 나와야 하지 않을까? 당연히 이 물음은 인문학의 본질이나 본성(nature)에 관한 게 아니라 그것의 사회적 양상(mode)을 향한다. 인문학 역시 다른 영역들과 마찬가지로 그것을 둘러싼 사회적 조건들에 의해 생산과 소비의 양상들이 규정되기 때문이다.

그렇다면 지금까지 인문학은 어떤 이미지를 통해 생산되고 소비되어 왔는가? 위기든 부흥이든 인문학의 현재적인 외관에 괄호를 친 다음, 인문학을 감싸고 있는 모종의 '신화'가 무엇인지 면밀히 따져볼 필요가 있다. 지금 우리에게 '인문학이란 어떠어떠한 것이다'라고 강변하는 주장의 밑바닥에는 '휴머니즘'과 '문화주의'라는 신화가 도사리고 있는 것이다. 마치 인문학은 저 멀리 고대로부터 '인간'을 추구하고 '문화'를 창달하려는 고귀한 목적을 품고 생겨났다는 '착각'이 그것들이다. 이제부터 인문학에 대한 계보학적 성찰을 통해 이런 착각의 기원과 그 이면에 무엇이 놓여 있는지 따져보도록 하자.

3
인문학은 인간을 위한 학문이다?

당장 서점이나 도서관에 가서 '인문학'이라는 색인이 붙은 서가를 한번 둘러보자. 거기서 임의의 책을 뽑아 들어 저자 서문이라든지 서론을 훑어보면 곧장 마주치는 내용이 있다. 인문학이란 무엇인가, 도대체 왜 인문학이 중요한가에 관해 나름대로 설파하는 내용이 그것이다. 그런데 열이면 열, 백이면 백, 인문학을 주제로 삼은 책들은 대개 인문학의 본질과 효용에 관해 똑같은 주장을 한다. 즉, 인문학은 무엇보다도 먼저 '인간을 위한 학문'이라는 것이다. 인간 혹은 인간성이라는 본질이 존재하며, 그것을 궁구하는 게 인문학이라는 것. '인간과학'이라 번역되는 'Human Science/Humanities'의 정의는 인문학이 태생적으로 인간을 위한, 인간에 의한, 인간의 학문이라는 데 있다. 인문학의 휴머니즘(Humanism), 그 신화도 바로 여기서 파생된다. 오직 인간만이 가장 귀중한 가치의 담지자요, 그 인간을 연구하고 추구하는 게 인문학이니, 어찌 인문학이 소중하지 않을 수 있겠는가?

인간을 인간이라 말할 수 있는 이유는 현재를 이해하고 해석하는 행위를 한다는 데 있다. 인문학은 이런 인간의 행위에 관계되는 학문으로, 인간의 삶과 역사는 물론, 존재와 실존의 문제, 내적이며 외적인 지평 모두와 관계한다. 그러기에 인문학은 사물에 대한 객관적 지식을 찾는 학문과는 달리 인간이란 존재 전체에 관계된다. 그 학문은 인간 존재와 삶의 현재에 대한 이해와 해석의 작업이다. 인문학은 그런 행위에 의한 의미의 학문이다.[8]

이렇듯 인간에 대한 강한 정향은 인문학의 기원을 동서를 막론하고 고전고대로 끌어당긴다. 마치 인간이라는 본질에 대한 탐구는 아득한 옛날부터 한결같이 추구되어왔다는 듯이 말이다. 호메로스와 투키디데스, 키케로, 보에티우스, 베르길리우스 등과 더불어 제자백가 시대의 수많은 사상가들이 인문학에서 불멸의 고전으로 늘 앞세워지는 이유가 여기 있다. 문학과 법, 철학, 사회, 정치 등의 다양한 분과 영역들이 고전 사상가들에 대한 관할권을 주장하지만, 고전을 통해 인문학을 되새길 때 나타나는 공통의 지향점은 '인성의 도야'라고 불리는 것, 즉 도덕적 자질의 발현 내지 향상에 있다. 미덕으로서의 인간성이야말로 먹고사는 삶의 구체적 필요로부터 거리를 두되, 바로 그런 이유에서 오히려 가장 가치 있는 대상으로 불린다고 할까? 인문학이 인간성(humanity), 즉 인간다운 속성을 탐구하는 학문을 자임할 때 휴머니즘은 인문학의 꽃이 되었다.[9] 인간을 가장 귀중한 존재로서 탐사하던 휴머니즘의 흐름은 대개 르네상스에서 또 한 번 비약을 이룬다고들 한다.

르네상스를 고전적 휴머니즘이 아름답게 개화한 시대, 인문학적 교양이 지성인의 필수 요소였던 시대로 각인시킨 사람은 야코프 부르크하르트다. 그가 《이탈리아 르네상스의 문화》(1860년)를 출판하기 전까지 르네상스는 중세와 근대를 잇는 교량이자 짧은 도약기 정도로 간주되었으나, 그의 연구로 말미암아 르네상스는 중요한 문화사적 의의를 획득하게 된다.[10] 특히 고대와 중세와는 질적으로 구분되는 문화적 부흥, 즉 휴머니즘의 시대로 르네상스를 꼽았다는 점에서 부르크하르트는 르네상스를 근대 휴머니즘의 발생기로 정초하는 데 결정적 역할을 했다.

하지만 우리가 아는 일반적인 휴머니즘의 개념과 부르크하르트가 제시한 르네상스의 휴머니즘은 정확히 겹쳐지지 않는다. '인본주의(人本主義)'라는 거창한 이름으로 치장된 르네상스 시대의 이탈리아는 사실 약육강식의 전쟁 시대였으며, 보편적 인간애나 인간의 존엄 사상에 이끌리기는커녕 간교한 지략과 냉혹한 열정에 의해 추동된 '영웅시대'였기 때문이다. 가령 부르크하르트가 감탄해 마지않았고 마키아벨리가 《군주론》(1513년)에서 이상적인 군주의 모델로 상찬했던 체사레 보르자(1475~1507년)는 자신의 힘과 능력의 극대치를 발휘하기 위해 인정(人情)에 전혀 개의치 않았던 인물이다. "그는 자신의 형제와 매제와 다른 친척들과 신하들이, 교황의 은총을 많이 받거나 아니면 그들의 위치가 불쾌하게 여겨지기만 하면 모두 죽였다."[11] 근대적 정치 군주의 이상(理想)은 인도주의나 인간애 따위와는 거리가 먼, 지극히 반(反)인간적인 정치 논리 속에 구현되었던 셈이다. 더욱이 '문화의 시대'로 칭송된 이탈리아 르네상스의 예술은 일부의 권력자들과 재력가들만이 향유할 수 있는 사치품에 가까웠다. 교과서에 나오는 르네상스 문화의 찬연함, 특히 '휴머니즘의 전성시대'란 순전히 근대 역사가들에 의해 '창안된 전통'에 다름 아니다.[12] '르네상스 휴머니즘'이란 어디까지나 '근대의 신화'요, 근대의 휴머니즘이 자신의 기원으로 참칭한 상상의 이미지란 것이다. 비(非)실용과 비(非)정치로서 휴머니즘의 신화는, 그 이면으로 지극히 실용적이고 정치적인 비호를 받으며 융성했다.

또한 오늘날 '휴머니즘'이라는 단어의 기원으로 간주되는 라틴어 후마니스타(humanista)가 애초부터 '인간을 위한 학문'을 가리키기 위해 사용된 것은 아니었다. 근대 인문학의 기원으로 제시되는 르네상스의 '스투디아 후마니타티스(studia humanitatis)'란 문법, 수사학, 역사학, 시학, 도덕철학 등과 같이 법학이나 신학을 제외한 과목들을 일컫는 명확한 교과 개념으로 채택되었기 때문이다. "르네상스 휴머니즘은 철학적 경향이나 체계가 아니라, 중요하되 영역이 한정된 연구를 강조하고 발전시킨 문화적, 교육적 프로그램"[13]의 일부였을 따름이다. 더구나 '휴머니즘'이라는 어휘가 본격적으로 등장해 사용된 것도 한참 뒤의 일이다. 1808년 독일의 교육학자 니트함머에 의해 최초로 사용되었다고 전해지는 'Humanismus'는, 중등교육 과정에 필요한 그리스어와 라틴어 교육을 가리키기 위해 만들어진 신조어였다. 고전어 습득을 위한 프로그램이라는 점에서 니트함머의 시도는 르네상스의 정신과 이어지는 면이 없지 않으나, 무려 3세기나 차이가 나는 두 시대 사이에 불변하는 정신적 연관을 논하는 데는 무리가 있다. 흔히 '르네상스 정신'에서 유래되었다고 알려진 '휴머니즘'은, 사실 19세기에 고안되고 설파된 특수한 이데올로기였던 것이다.

르네상스 휴머니즘의 성격과 한계를 규명하는 게 우리의 과제는 아니다. 다만 근대 인문학이 자신의 풍부하고 위대한 원천으로 표상하는 르네상스란 실상 근대인들이 상상적으로 고안한 이미지라는 사실을 기억할 필요가 있다. 그런데 이 허구적으로 가공된 이미지야말로 인간의 이름으로 가능한 모든 폭력과 지배, 세계의 '소비'에 이용되었다는 게 단지 우연에 불과한 일일까? 종교의 압제로부터 벗어나 '인간의 시대'를 외쳤다는 르네상스인들이 즐겨 인용한 성서의 문구는 다음과 같은 것이었다. "하나님이 그들에게 복을 주시며 그들에게 이르시되 생육하고 번성하여 땅에 충만하라, 땅을 정복하라, 바다의 고기와 공중의 새와 땅에 움직이는 모든 생물을 다스리라 하시니라."(〈창세기〉 1장 28절) 신의 시대는 가버렸으나 신성하게 정해진 운명에 따라 인간은 세계를 생산하는 주체이자 소비하는 주체로서 우뚝 서게 된다. 르네상스 인문주의자들의 공적 가운데 가장 중요한 것은 바로 세계를 지배하는 주체로서 인간의 지위를 굳건하게 정당화하는 것이었다. 이 작업은 근대 인문학에서 더욱 박차를 가하게 된다.

미셸 푸코는 특정 시대에 지식과 관념들이 일정하게 분포되어 있고, 그 위에서 새로운 개념적 지식들이 정착되어 유통되도록 만드는 체계를 배치(dispositif)라고 불렀다. 그에 따르면, 우리가 신봉하는 '인간'이란 개념도 겨우 최근(19세기)에 나타

최진석

난 지식 배치의 산물이며, 그런 점에서 보편적으로 존재했다고 간주되는 인문학의 휴머니즘은 처음부터 허구에 불과했다고 잘라 말한다. 인문학에서 휴머니즘이라는 '위대한' 전통이 16세기 르네상스 시대에 발생하여 서구 근대사를 관통해왔다는 주류 역사학의 관점은 완전한 망상이며, 도대체 그런 휴머니즘은 존재하지도 않았다는 것이다.

우리는 휴머니즘을 몽테뉴로부터, 아니 더 이상 거슬러 올라갈 수 없을 만큼 아주 오래전부터 만들어진 개념이라고 알고 있다. 하지만 이런 견해는 옳지 않다. 왜냐하면 첫째, 휴머니즘 운동이 시작된 것이 19세기 말부터의 일이며, 둘째, 우리가 16, 17, 18세기를 면밀히 고찰해본다면 그 어느 시대에서나 인간은 문자 그대로 정착하지 못했다는 사실을 알 수 있기 때문이다. 그 시대의 문화를 차지하고 있는 것은 신, 세계, 사물의 유사성, 공간 법칙, 육체, 정념, 상상력 등일 따름이며, 인간 자체는 완전히 부재해 있었던 것이다.[14]

　　'인간과학의 고고학'이라는 부제가 붙은 《말과 사물》(1966년)의 과제는 바로 이렇게 근대 인문학의 휴머니즘이 탄생한 신화의 내력을 밝히는 것이다. 휴머니즘은 영원불변하는 가치나 본질의 상징이 아니라, 고대는 물론이고 중세나 르네상스와도 다른 지식 생산의 인식론적 배치의 산물에 불과하다. 인간에 대한 가치 평가는 시대를 달리하며 다른 방식, 다른 관점에서 지속적으로 이루어졌으나, 19세기에 이르러 돌연 노동·생명·언어의 세 가지 상수(常數)들을 중심으로 재배열되었고, 그 결과 근대적 학문 탐구의 대상인 인간이 탄생했다. 사정이 그렇다면 휴머니즘을 중심으로 구축된 근대적 지식 체계, 인문학이 인간을 위해 복무하는 게 아니라, 역으로 인간이 인문학이라는 거대한 담론 체계의 존립과 유지를 위해 복무했다고 말하는 게 정확하지 않을까? 《말과 사물》의 결론, 곧 '인간의 종말'이란 인간을 중심적 의미와 가치로 표상하던 지식 체계(인문학)의 종말에 다름 아니다. 니체식으로 말해, 그것은 하등 아쉬워하거나 슬퍼할 것도 없는, 자연 종(種)들 간의 자리바꿈처럼 그저 단순한 역사의 과정일 따름이다.

다른 한편, 우리는 휴머니즘을 기치로 내세우며 지난 세기를 주도했던 이데올로기 하나를 더 짚어볼 필요가 있다. 그것은 생산주의(productivism)로서, 이 역시 휴머니즘을 지원 사격한 근대 인문학의 산물이라 할 수 있다. 인간을 위한 것이라면 무엇이든 해도 좋다는 뜻에서 생산주의는 곧 소비주의(consumerism)의 다른 이름이었던 까닭이다. 휴머니즘의 기치로 인문학의 영토에 조촐한 파티가 벌어졌다면, 그것은 곧장 이웃 영역, 자연과학과 응용과학의 영토에서 폭발적인 호응을 받았고, 그 결과가 우리가 아는 20세기의 파란일 터. 물론 세계대전과 홀로코스트, 원폭 투하 등을 죄다 휴머니즘의 탓으로 돌릴 순 없어도, 인간을 위해서라면 그 어떤 파괴적인 것도 허락되었던 사실 역시 근대적 지식 체계(인문학)의 이데올로기적 방어가 있었기에 가능하지 않았을까? 또한 파경을 맞은 사회주의의 경험도 생산주의의 미망에 함몰되어 자연 및 인적 자원의 고갈을 초래했음을 부인할 수 없다.[15] 인간을 위해서라면 무엇이든 생산하고 소비하라는 지상명령은 지금 다시 위기

최진석

에 빠진 인문학이 결코 포기하고 싶지 않은 제1원리로서 휴머니즘에 깊이 뿌리내리고 있다.

4
인문학은 문화를 창달한다?

19세기 말, 자연과학의 발전을 인문학과는 별개의 사태로 간주하고 정신과학(딜타이) 혹은 문화과학(리케르트와 빈델반트)이 출범했다. 스스로 조절할 수 없을 정도로 비대해진 몸뚱어리와 왜소한 정신 사이의 격차를 극복하고자 나타난 근대 인문학들이 공통적으로 내세운 모토는 '정신의 삶'이었던바, 문화는 곧 인간과 그가 창조한 모든 것을 가리켰다. 독일을 중심으로 한 근대 인문학의 전통은 영국과 프랑스의 '문명'에 대한 대항 개념으로 '문화'를 전면화했고, 여기서 인간은 문화의 핵심 가치이자 원동력에 해당했다. 자연과학의 발전에 저항하는 인문학은 인간과 그의 문화에 대한 학문이었던 것이다. 이로써 "근대 인문학은 여타 과학과 마찬가지로 하나의 '과학'이 되었다."[16]

과학으로서 인문학이 탐구의 대상으로 설정한 것은 문화였다. 문화야말로 인간이 일상을 통해 감촉하고 인지하는 삶의 모든 것 아닌가. 만일 복잡다단한 인간 현상인 문화를 자연과학처럼 기술적으로 분석할 수 있다면 인문학도 '과학'으로서 정당하게 대접받을 수 있으리라. 그렇지만 과학의 휘장을 두

르기 위해 인문학이 치른 대가는 길고도 혹독했다. 근대 사회에서 과학의 영예스런 자리는 순수한 진리 탐구의 의욕만으로 주어지는 게 아니라, 물질적으로나 제도적으로 뒷받침을 해줄 수 있는 막강한 후원자(패트런) 없이는 불가능하기 때문이다. 개인과 공동체에 '이것이 진리다'라고 주장하고 강제할 수 있는 가장 확실한 권력 주체는 국가였으며, 인문학이 과학의 권위를 누리고 싶은 한 기꺼이 국가의 종복(從僕) 노릇도 감수하지 않을 수 없었다.

문화를 연구하는 학문인 인문학의 본래 과업은 권력에 대한 이데올로기적 지원이었다. 예컨대, '정신문화'를 창달한다는 미명 하에 인문학이 주로 복무했던 분야는 국가적, 사회적 폭력을 정당화하고 변호하는 일이었다.[17] 이런 사례들이 여실히 보여주는 것은, 인문학이 노정하는 도덕적 자질의 도야나 삶에 대한 이해는 곧잘 공동체 혹은 국가 사회의 구성원으로서 개인의 육성이라는 프로그램으로 수렴된다는 사실이다. 사람들〔人〕 사이〔間〕의 현상으로서 문화는 곧 공동체와 사회, 국가라는 관점으로 빨려 들어가 전용된다. 따라서 인문학은 개인의 삶을 풍요롭게 하는 동시에 그가 속한 공동체(국가)의 발전을 견인하는 동력원이어야 한다는 인식이 생겨난다. 인문학의 원리로서 인간성의 계발(휴머니즘)이 추구되었고, 그 목적은 개인과 공동체(국가)를 이어주는 문화적 가치의 함양과 육성으로 귀결되었다고 말해도 결코 과장이 아니다.

이는 1960년대에 영국에서 출발한 문화 연구(cultural studies)의 역사에서도 잘 드러난다. 애당초 영국적 전통에서 문

최진석

화는 엘리트 계급의 고급문화로부터 내버려진 대중들, 노동계급의 생활 관습적 영역을 뜻했다. 19세기에 매슈 아널드가 이미 관찰했듯이, 인류의 예술적 정수를 누리지 못하는 '병든 영혼들'로서 노동계급은 특별히 관리하고 제어해야 할 대상이었다. 대중 교육이란 사회 중간층이 그 임무를 떠안으며 발생한 사회 통합의 기제였던 셈이다.[18] 체계화된 제국적 질서에 무정부 상태로 방임된 문화란 위험천만한 것이었으며, 따라서 대중문화는 지극히 정치적 관점에서 주시되고 통제되어야 했다. 다시 말해서, 국가가 문화의 감독관 역을 떠맡고, 문화의 형성과 진전 및 종결 과정에 끊임없이 개입해야 했던 것이다. 그러나 그 방법은 온화하고 부드러운 것이었는데, 바로 인문학이라는 당의정(糖衣錠)을 통한 지배였기 때문이다. 문학과 교양이 대중적 정서의 함양을 위해 권유되었으며, 문화에 대한 국가적 선도는 궁극적으로 국민적 정체성의 부여라는 목적에 맞춰진다. 오랜 종교적 전통을 대신하기 위해 인문학이 정비되었고, 이 새로운 결합의 매파(媒婆)는 국가였다. 버밍엄 연구소의 문화 연구는 문화와 국가 사이의 오래된 유착 관계와 거기에 은폐된 이데올로기를 폭로하고, 문화가 국가적인 지향이나 목표와 반드시 결부되어야 할 이유가 없음을 밝히려는 시도에서 시작되었다.[19]

물론, 현대 문화 연구 출범의 직접적 배경은 후기 산업사회의 변화된 정치적, 문화적 지형에 적합한 시점과 방법론의 추구였다고 말해도 좋을 것이다. 하지만 19세기 이래 '문화'에 일정한 의미와 가치를 부여하고 정당화하는 기제로서 인문학이 기성의 제도를 승인하고 추종하는 데 복무함으로써, 결국 국가 장치의 재생산에 복무해왔음을 부정할 수 없다. 때문에 탈국가적이고 탈주류적인 방식으로 노정된 문화 연구가 하위문화 연구라는 다소 지엽적이며 탈이데올로기적인, 그리하여 비정치적인 특수 현상의 목록들에 천착하게 된 것도 이해할 만한 노릇이다. 이렇듯 현대 문화 연구는 인문학의 문화주의 (culturalism)가 국가와의 결연을 은밀하게 내포하고 있음을 승인하는 한편으로 비판적으로 파고들며 성립한 학문이었다.

　문화와 권력의 유착에 관해서는 유럽 대학에서 대개 1980년대부터 설립되었던 문화학(Kulturologie)의 사례를 점검함으로써 역으로 확인할 수 있다. 범박하게 제도적 문화 연구라고 부를 만한 문화학은 그 이론적 기초를 18~19세기까지 끌어올림에도 불구하고, 사실상 1980년대를 전후해서 새롭게 '창안'된 학문이다.[20] 분과 단위로 세분화된 학문 영역들의 경쟁이 제도의 피로 현상과 포화 상태를 낳자 돌파구가 고안되어야 했고, 일종의 학제 간 연구로서 문화학이 등장하게 된 것이다. 하지만 문화 연구와는 달리 문화학은 처음부터 대학 내의 '통합 분과'로서 개설되었으며, 국가의 지원을 받으며 성장했다. 예의 '국가 인문학'의 회귀인 셈이다.

　문화학의 강점은 근대 인문학이 핵심적 가치로 지녔던 휴머니즘을 거부감 없이 상속받을 수 있었다는 점이다. 문헌학 (Philologie)이 낭만주의 시대 이래로 '독일적 전통'으로서 합류했고, 이는 민족이나 공동체, 국가, 문학, 역사, 언어 등과 같은 개념들이 문화학의 주된 대상으로 설정되었음을 의미한

　　　　　　　　　　　　　　　　　　　　　　　　　　　최진석

다. 이 개념들이 휴머니즘과 동일한 맥락에서 수용되었음은 물론이다. 더구나 문화학은 자연 세계조차 문화의 영토 속에 끌어들이고 의미화해야 할 대상으로 간주한다. 가령 생태학적 문화주의는, 자연을 그 자체로 사유하기보다 인간의 기획이 형성되는 토대로서 바라본다.[21] 보드리야르식으로 말해, 자연 마저도 인간의 생산주의에 포획되는 동시에 소비되고, 다시 소비의 대상으로서 재생산되는 생산−소비의 전일적(全一的) 순환 과정이 구축되는 셈이다.[22] 인문학의 역할은 이 과정을 담론적으로 정당화하는 데 바쳐진다.

문화학은 전통적 의미의 문·사·철을 더욱 확장하고 강화한 판본에 다름 아니며, 근대 인문학의 흐름을 현대의 학제 간 연구라는 요구와 결합시키고 국가적 지원을 받는 제도적 시스템이라 할 수 있다.[23] 당연한 이야기겠지만, 국가 장치와 결합한 제국주의적 학문이 근대적 생산주의 및 소비주의와 동일 계열 위에서 작동하는 것은 필연적인 결과다. 즉, 세련된 외양을 갖춘 현대의 인문학으로서 문화학은 철 지난 유행의 탈근대적 회귀처럼 비치는 것이다.

문화 연구나 문화학에 대한 이런 진술들이 이 학문들에 대한 전혀 근거 없는 폄훼는 아닐 것이다. 우리가 주의 깊게 지켜볼 대목들은 다음과 같다. 문화를 연구하는 새로운 인문학으로서 양자는 각각 자본−노동의 대립과 탈이데올로기적 문화의 장이라는 시대사적 상황들에 대한 대응으로 개진되었다. 하지만 문화에 대한 신화적이며 안온한 통념과는 달리 문화 연구와 문화학, 또는 인문학의 경향 일반은 그 성립과 탐구의 역사에서 국가 및 자본과 은밀하게 결탁하고 있었다. 쉽게 말해, 외관상 문화라고 불리는 어떤 본질적인 요소를 지향한다고 선언했으면서도, 실제로는 국가와 자본에 의한 포획이나 그로부터의 탈주가 현대 인문학의 흐름을 좌우하는 결정적 요인이 되었다는 말이다. 그래서 인문학의 20세기를 돌아봤을 때, 인문학이 생산과 소비를 정당화하는 이데올로기적 장치로 봉사하거나 혹은 비국가적, 비정치적 일상에 매몰되는 경우를 종종 마주치게 된다. 따라서 인문학의 위기에 대한 경각심이 높아질 때마다 권력과 자본에 대한 지원과 보호를 간절히 바라는 것도 이런 맥락에서 보면 그다지 이상한 일은 아닐 것이다. 다만 이 사태가 더 심화되어갈 때, 어떤 형태로든 현대의 인문학이 짊어져야 할 순응주의의 무게는 결코 줄지 않을 성싶다.

5
불편하고 낯선, 반(反)인문학!

지금 문화는 근대에서 탈근대로 넘어가는 이행의 화두다. 한편으로 문화는 우리의 관심을 지난 시대의 구태의연한 관행과 맹목, 사회와 국가의 조절 기구로 되돌아가게 만든다. 문화에 관해 이야기하며 우리는 공동체와 역사, 민족과 국민, 공유된 감정 및 전통에 포함되는 많은 것들, 국가의 신화 등에 대해 애착을 갖고 순응하는 것이다. 제도 속의 인문학은 대개 이런

최진석

회귀와 애착에 논리적 명분을 심어다 준다. 다른 한편, 조밀하게 나누어졌던 전통적 분과 학문의 경계들은 오늘날 문화라는 언표를 통과하며 다시 분할되고 새로이 재편되는 중이다. 최근까지 인문 독서의 한 흐름을 이끌어온 문화사 '다시 읽기'나 '다시 쓰기'는 인문학이 탈경계와 탈영토화의 노마디즘적 실천을 적극 수용하면서 가능해진 결과로 보인다.

하지만 이전과는 다른 방식으로 생산된 문화라도, 그것이 다시 생산-소비의 순환 궤도에 오를 때 문화의 엔트로피는 더욱 증가할 것이다. 보드리야르가 지적했듯이, 생산과 소비가 일체화된 전일적 교환의 체계에서는 그 어떤 새로운 의미나 가치라도 자동화된 지각의 두꺼운 벽을 뚫지 못하고 재빨리 소진되고 만다. 문화의 소비, 혹은 소비하는 문화는 계속해서 새로운 것을 요구하지만, 새로움은 미처 지각되기도 전에 또 다른 새로움에 밀려나고 반복 강박적 회로를 분주히 왕복할 따름이다. 문화의 생산-소비 사이클에서 나타나는 한계효용 체감의 법칙이랄까?

인문학은 이 과정을 정당화할 뿐만 아니라 심지어 독려하기까지 한다. 이는 인문학이 생산과 소비에 활용되는 새로운 아이템과 아젠다를 제공해줄 수 있다는 '희망찬' 구호 속에서 절정을 맞는 듯하다. '창의성'과 '독창성', '상상력' 등의 휘황찬란한 어휘들은 분명 인문학적 사유를 특징짓는 것이지만, 동시에 인문학이 권력과 자본에 가장 손쉽게 결부될 수 있게 만드는 고리들인 것이다.

'창의성' 역시 마찬가지다. 가장 많은 창의성을 필요로 하는 분야인 광고계 사람들은 인문학 책을 많이 본다. 상품명, 광고 스토리 등 많은 내용을 인문학에서 직접 가지고 오기도 한다. 인문학은 광고의 수원지인 것이다. CEO들이 인문학을 찾는 이유도 마찬가지다. 숫자로 딱 떨어지지 않는 의사 결정이나 정답 없는 방향 찾기를 할 때 가장 도움이 되는 것 역시 바로 이 인문학이기 때문이다. …… 창의성과 인간관계 향상이 중요한 과제라면 일단 인문학을 수단으로 확정하고, 그러고 난 다음 이 인문학을 어떻게 최대한 효율적, 효과적으로 활용할 수 있을 것인지 고민하는 게 현명하다. …… 인문학을 체계적으로 자신의 것으로 정리한 다음, 자신이 주체가 되어 자신의 삶에 인문학을 다양하게 적용하기 위해서다. 듣고 즐기면서 소모하는 것이 아닌 '응용'을 위한 하나의 '정신적 자산'을 갖추는 것이 사람들이 인문학 강좌를 듣는 근본 목적이다. …… 공급자의 편의대로 프로그램을 구성하기보다는 소비자가 체계적인 인문학을 갖출 수 있도록 하는 데 초점을 맞춰야 한다.[24]

> 여기에 '인간'이라는 한 마디가 덧붙여지면 만사는 '오케이'다. 생산과 소비가 막다른 골목에 부딪힌 이 시대에 인문학은 만병통치약처럼 다시 꾸며져서 제공되기에 이른다.

'인문 경영'이란 조어(造語)가 번쩍 떠올랐다. 깊은 내공을 지닌 석학들에게 전수받은 인문학 지식과 인간에 대한 새로운 깨달음을 경영에 적용하면 난국을 돌파할 수 있으리라. 인문학을 익힌 CEO가 거둔 가장 큰 성과는 '인간 이해를 통한 상상력의 극대화'로 요약될 수 있겠다. 상상력과 창의성이 풍부해지면 문제 해결 능력이 커지지 않겠는가.[25]

인문학이 수단이 되는 것에 반대하지 않는다. 누군가에게 인문학은 필생의 업(業)이 될 수도 있겠으나, 다른 누군가에게는 삶의 방편에 불과할 수도 있다. 인문학에 어떤 과대한 목적을 투사하기 시작할 때, 우리는 근대 인문학이 밟아왔던 오류를 반복할 것이다. 문제는 인문학이 오직 수단에만 유용한 아이템과 아젠다를 뽑아내는 역할에 머물 때 생겨난다. 인문학의 생산이 소비에 추월당하는 원인은 속도의 문제에 있지 않다. 차라리 원인은 생산이 소비를 위한 생산에 맞춰져 있다는 데, 그래서 소비가 생산을 부추기고 방향을 설정해준다는 데 있다. 소비의 목적, 소비의 대상에 생산의 속도와 방향이 미리 결정되어 있다면, 어떻게 소비의 속도를 생산이 넘어설 수 있겠는가? 인문학에 쏟아지는 수많은 요구와 비난, '더욱 유용해지라'는 성난 고함은 귀를 막거나 얼른 수용함으로써 해결될 문제가 아니다. 인문학이 세상의 요구에 등을 돌릴수록, 또는 반대로 허둥대며 더 많은 것을 받아들이려 할수록 인문학은 소비를 위한 생산주의에 매몰되고 말 것이다.

강박적인 소비에 끌려가지 않는 인문학! 소비의 엔트로피로 환원되지 않는 인문학! 그것은 휴머니즘이나 문화주의와 같은 목적론을 거부하는 반(反)인문학이다. 우리를 즐겁고 편안하게 해주기는커녕, 인간에게 원초적인 생물학적 보전 본능이나 문화적 긍지마저 절대화하지 않음으로써 인간의 지위와 우월성을 낯설고 불편하게 전위시키는 저항의 인문학이 그것이다. 당연하게 여겨지던 목적론의 궤적을 교란하고, 그로써 인문학을 '안 팔리게' 만드는 것. 소비의 전일적인 순환 회로를 비틀고 절연시켜 생산의 첨점(尖點)으로 변환시키는 것. 우리가 아는 인문학을 이제 내던져야 할 때가 온 게 아닐까? 인문학에 대항하는 인문학! 지금, 인문학의 부흥 시대를 낯설게 바라보고 딴지를 걸기 시작할 때 우리는 국가와 자본에 잠식된 인문학의 영토를 벗어날 수 있지 않을까?

대항의 인문학, 또는 반(反)인문학적인 '낯설게 하기'의 사례로 톨스토이의 유명한 우화를 인용해보자. 가령, 인간이 아니라 말의 시선으로 바라본 세상의 원리, 곧 사유재산 제도란 얼마나 기괴한 풍경인가?

그들이 말하던 태형과 그리스도교에 대한 것을 난 모두 이해했어. 하지만 '자기 것', '자기 말(馬)'이라는 단어가 무얼 뜻하는지는 그 당시엔 정말 몰랐지. 단지 난 그 사람들이 나와 마부와의 관계를 말한다고 추측했을 뿐이야. 이것이 어떤 관계를 뜻하는지 당시 난 전혀 알 수가 없었어. 한참이 지난 후에 나를 다른 말들과 격리시켰을 때야 비로소 이것이 의미하는 바를 알 수가 있었지. 그 당시로서는 인간의 소유물로서 나를 자기 것이라고 부르는 것이 무얼 의미하는지 이해할 수가 없었던 거야. 살아 숨 쉬는 말인 나를 향해 붙여진 나의 말이라는 단어가 내겐 마치 '나의 땅', '나의 공기', '나의 물'이라는 단어들처럼 이상하고 어색했던 거지. …… 인간들이 가장 중요하다고 여기는 그런 단어들이 있어. 그 본질은 다름 아닌 다양한 사물이나 대상들, 심지어 땅, 사람, 말 등과 같은 존재들에 대한 거야. 다시 말해서 '나의 것', '나의 물건', '나의 소유'라는 것이지. 동일한 사물에 대해서도 인간들은 단지 한 사람만이 나의 것이라고 말할 수 있도록 약속을 하곤 하지. 그리고 자기들끼리 정해놓은 게임의 규칙에 따라 될수록 많은 사물에 대해 나의 것이라고 말할 수 있는 사람이 가장 행복한 사람이 되는 거야.[26]

최진석

세상 모든 것에 '내 것'이라는 말뚝을 박아놓고 더 많이 차지하기 위해 경쟁하고 싸우는 모습처럼 말에게 낯선 장면들이 또 있을까? 사유재산 제도란 오직 인간의 눈으로 볼 때만, 익숙하고 당연했던 게 아닐까? 인문학이 소중하고 또 소중하다고 부르짖었던 것들, 즉 인간, 문화, 예술, 민족, 국가 …… 사실 이 모든 것도 마찬가지가 아닐까? 이제 그 모든 것에 대한 낯설게 하기가 필요한 때다!

과연 우리 자신을 낯설고 거북하게 만드는 것도 인문학의 소명이 될 수 있을까? 기존의 익숙하던 배치를 뒤엎고 나른 방식으로 뒤바꾸었을 때 새로움보다는 이질성이나 거부감이 느껴진다면, 그것은 '나쁜〔反〕' 인문학일까? 역으로 언제나 편안하고 즐거움만 선사하는 인문학, 그래서 기존의 배치를 변함없이 유지하도록 정당화 담론을 제공하는 인문학이 '좋은' 인문학일까? 수월하게 소비되지 않는 인문학, 목구멍에 걸려 잘 삼켜지지 않는 인문학, 위장 장애를 일으켜 이미 소화시켰다고 생각한 것들을 게워내 직시하게 만드는 인문학—이제 '행복'과 '희망'의 인문학, '화해'와 '위로'의 인문학을 넘어서 '불편'하고 '낯선' 반(反)인문학을 말해야 할 시점이 아닐까?

반인문학, 또는 인문학에 저항하는 인문학. 지금 필요한 것은 그 불편함과 낯섦을 창출하는 힘이며, 그 힘을 우리는 '불온하다'고 부를 것이다. 지금 우리가 생산해야 할 인문학의 존재 양태, '어떤' 인문학이 필요한가에 대한 응답은 바로 순응하지 않는 인문학, 즉 '불온한 인문학'에서 찾아져야 한다.

6
불온한 인문학을 위하여

통념(doxa)이란 대세에 따르는 생각과 의견, 그것을 지키려는 의지를 포함하며, 때로는 여론과 겹쳐지기도 하고 때로는 '국민감정'이라는 것에 부합하는 지적, 정서적 태도를 가리킨다. 혹은 명확히 의식되지 않는 무의식적 습관과 태도에서도 우리는 통념의 흔적을 발견한다. 당신이 '좌파'를 진보와 개혁에 관련지어 생각할 뿐만 아니라 어딘지 섬뜩하고 불안한 '빨갱이'라는 단어와도 무심결에 연관을 짓는다면, 한국 사회를 여전히 좌지우지하는 통념과 대면한 셈이다. 이렇게 통념은 부지불식간에 우리를 장악하고 사고와 행동, 습관에 걸쳐 일상의 모든 것을 통제하려 든다. 실로 통념이야말로 우리의 정체성(identity)을 만들어내는 메커니즘이라는 생각이 들 정도다. 우리에게 당연하고 익숙한 것, 우리를 자연스럽고 편안하게 만들어준다고 생각되는 것들은 통념이라는 '마약'에 중독되어 있다. 그런 뜻에서 불온함은 통념에 어긋나는 것, 길들여지지 않는 것을 말한다. 통념에 딴지를 걸고 퇴짜를 놓는 사유와 행동은 정녕 '불온'하다.

애석하고도 한심한 일이지만, 지금까지 인문학은 불온하기는커녕 통념의 지지대 역할에나 겨우 안주해왔다. '휴머니즘'이라는 신화를 통해 자연과 인간에 대한 무한 착취를 합리화했고, 대중이 '문화'라는 환등상 속에서 권력과 자본에 길들여지도록 조장해왔다. 그중 가장 커다란 패악은 아마도 정체

최진석

성 형성에 복무하며 국가와 개인을 동일성의 서사(narrative) 속에 묶어왔던 것일 게다. 국가의 이익은 곧 나의 이익이며, 나의 이익이 곧 국가의 이익이 되도록 하라는 것.

이런 점에서 본다면 인문학적 소양을 쌓는다는 것은 개인이 국가라는 공동체와 어떻게 연결되어 있으며, 어떻게 해야 국가 '안'에서 조화롭게 자기 자리를 만들 수 있는지를 깨닫는 과정으로 묘사될 수 있다. 인문학을 통해 "국가와 개인의 관계를 끊임없이 돌아보지 않으면 책임 있는 건전한 시민이 될 수 없고, 국가 또한 국민을 지배 대상으로 여기게 되기 쉽"다는 이유에서다.[27] 그렇다면 인문학이란 건전한 시민 육성의 교육적 프로젝트에 더 가까워 보인다. 인문학의 프리즘을 통해 공동체와 개인 사이의 보이지 않는 끈을 찾으라는 것이다. 이런 관점에 의거할 때 소외된 이웃에게로 내려온 인문학의 손길조차 어쩐지 의구심 없이 바라보기 힘들다. 궁핍하고 무지한 이들과 나누는 인문학적 대화가 "가난한 이들도 인간이며, 그들의 인간성을 적절하게 존중하는 방식은 공적인 삶의 영역에서 시민으로 대우하는 것"으로 귀결된다면 말이다.[28] 결국 인문학은 '인간'을 찾고 '시민'으로 변화시키며 국가적 차원('공적인 삶')에서 정착시키는 역할에 머물 것인가?

2010년 한국의 독서 대중을 강타한 인문학 독서는 단연 마이클 샌델의 《정의란 무엇인가》일 것이다.[29] 다분히 논쟁적인 이 책의 주장들 가운데 공동체와 개인이 조화롭게 합류하는 담론적 장치로서 서사의 요구를 분석하며 논의를 이어가 보자. 샌델에 따르면, 우리는 올바른 가치관과 좋은 목적을 달성하기 위해 구성된 공동체의 서사에 우리 자신의 서사를 합치시킬 필요가 있다. 우리는 본래 공유된 신념과 전통, 문화적 가치 등의 환경 속에서 태어나고 자라나는 까닭에 자신의 외적 환경과 불화하는 한 여하한의 삶의 보람도 긍지도 느낄 수 없을 것이기 때문이다. 정의롭고 유익함을 추구하는, '덕성 있는' 공동체의 역사와 문화, 신념에 내가 속해 있음을 자인할 때, 나는 자부심을 갖고 공동체에 봉사할뿐더러 함께 속한 형제자매들에 대해 깊은 연대감을 느낄 수 있다. 강하고 유덕한 공동체, 곧 국가가 존재한다는 사실, 그리고 그 국가의 일원으로서 내가 존재한다는 사실은 도덕적 의무감을 낳고, 공동체 속에 소외되고 고통 받는 이들에 대한 동정심마저도 일으킬 수 있다는 말이다.

여기서 서사는 동일시의 기제로서 작동한다. '위대한 조국'의 건국 신화와 독립 전쟁, 자유를 위해 희생했던 수많은 선조들의 이야기 속에 실제로 나 개인의 조상들이 무엇을 했는지는 크게 중요하지 않다. 전체로서의 국가와 민족의 이미지에 나 개인이 언제나 합류해 있고, 또 전체 공동체의 소명과 업적을 위해 내가 지금 존재하고 있다는 의식이면 충분하다. 나의 정체성은 곧 국가의 정체성과 겹쳐지며, 시민/국민으로서의 모든 의무와 권리를 긍정하는 데 부족함이 없다. 이렇게 개인과 공동체 사이의 틈새를 매끈하게 이어 붙여주는 게 서사의 환상이다. 그런데 따지고 보면 근대 인문학의 유구한 전통 가운데 하나가 바로 민족과 국민, 국가의 근원적 통일성 따위를 밝히려고 애쓰지 않았던가? 외부의 적에 맞서 '우리'의 문학과

최진석

역사, 사회와 문화, 국토와 자연 등이 얼마나 고유하고 소중한지를 주장하고 설파하는 역할을 맡았던 게 인문학이 아닌가? 인문학은 지금껏 무엇을 해왔고, 이제 무엇을 할 것인가?

인문학이 동일성(identity)의 서사에 복무할 때, 그것은 권력의 시녀 이상으로 정의될 수 없다. 순응주의의 덫에 갇힌 채, 새로운 의미와 가치를 노정하기보다는 기성의 서사를 공고히 하고 재생산하는 데 착취될 따름이다. 전체 집단이 공유하며 옳다고 믿어 의심치 않는 것, 통념만 가시화하기 때문에 불편하고 낯선 것, 이질적이며 외래적인 것에 대해 강한 적개심과 말살 의지만 다지게 마련이다. 부강한 국가를 갈망할수록, 이견(異見)을 못 참고 가차 없는 철퇴를 내려치는 일이 그토록 흔한 것도 이상한 노릇이 아니다. "애들이 무슨 권리가 있냐?" (청소년 인권) "천부의 성별(性別)을 혼란시키는 게 잘하는 짓이냐?"(성소수자 인권) "암탉이 울면 집안이 망한다는데?"(여성과 폭력) "정상인과 병신을 어떻게 똑같이 대접하나?"(장애인 인권) "국가를 위해 노동자들이 인내해야지!"(노동자의 차별과 단결) "군대도 안 가는 게 인간이냐!"(종교와 양심에 따른 병역 거부) "그저 보라는 것만 봐라!"(검열과 표현의 자유) "미국 사람과 동남아 사람이 똑같으냐?"(인종차별의 문제) "그냥 죄다 죽여버리면 편할 텐데!"(제노사이드)[30]

불온한 인문학이란 지금까지 인문학에 부여되었던 동일성의 서사, 그 통념의 임무를 거부하고 내던질 때 시작된다. 국가와 너는 같지 않다고 신랄하게 지적하는 것, 민족의 영광과 네 개인의 행복은 별개의 문제라고 또박또박 말하는 것, 휴머니즘을 떠벌리며 자행한 학살의 현장을 상기시키거나 삶의 주체로 우뚝 서서 만족해하는 자신에게 꼭두각시 인형이 비친 거울을 보여주는 것, 안온하고 평화로운 일상의 배면에 '우리'로부터 배제된 이웃이 있음을 폭로하는 것, 인문학은 한 번도 순수하게 존재한 적이 없음을 조목조목 설명하는 것 …… 정체성과 동일성의 서사를 거절하는 인문학은 불온하다. 통념적인 삶의 관성에 낯설고 불쾌한 소음을 일으키며 우리를 불안하게 만들기 때문이다. 하지만 불온한 인문학, 인문학의 불온성이야말로 여태껏 지각하지 못한 삶의 본래 면목을 똑똑히 보여줄 것이다. 단군 이래로 최대의 경사라는 미명으로 온 국민을 쥐어짜 놓았으면서도, 포스터에 그린 쥐 한 마리의 도발에도 못 견디고 본색을 드러내는 권력과 자본은 분명 당신과 하나가 아닐 것이다.

최진석

주

1 "인문적 소양이란 노숙인에서부터 기업 경영자에 이르기까지 모든 사람에게 요구되는 세상살이의 기초라고 할 수 있습니다." 김경동 외, 《인문학 콘서트》, 이숲, 2010, 10쪽.

2 ''이사장님 뜻대로!' … 중앙대 구조 조정 몸살', http://www.pressian.com/article/article.asp?-article_num=60100120150931(검색일: 2011년 5월 11일).

3 ''삶과 인문학' 강좌에 대한 소회', http://kwanak.tistory.com/155#footnote_link_155_1(검색일: 2011년 5월 11일).

4 '인문학 위기 선언과 지식의 위기', http://www.kyosu.net/news/articleView.html?idxno-=12039(검색일: 2011년 5월 11일).

5 서구에서 지식 체제의 변동에 대해 이론적인 설명이 제시된 게 1979년이다. J. F. 리오타르, 유정완 외 옮김, 《포스트모던의 조건》, 민음사, 1995. 다만 한국에서 그 변동이 현실로 감지되었던 시기가 1990년대라는 게 일반적인 인식일 것이다.

6 이진경, 〈'인문학의 위기'와 노마디즘〉, 《서강 인문 논총》 18집, 2005, 54~55쪽.

7 B. Groys, *Über das Neue: Versuch einer Kulturökonomie*, München: Hanser, 1992.

8 신승환, 《지금, 여기의 인문학》, 후마니타스, 2010, 7쪽.

9 박이문, 《통합의 인문학》, 지와사랑, 2009, 32쪽.

10 J. 부르크하르트, 안인희 옮김, 《이탈리아 르네상스의 문화》, 푸른숲, 2002.

11 같은 책, 156쪽.

12 "르네상스에 관한 우리의 관념은 야코프 부르크하르트의 창조물이다." W. K. 퍼거슨, 진원숙 옮김, 《르네상스사론》, 집문당, 1991, 7장. 또한 "'전통의 발명'이란 근대적 자기 정체성의 확립 과정에서 늘 수반된 문화적 기제였다." E. 홉스봄 외, 박지향 옮김, 《만들어진 전통》, 휴머니스트, 2004.

13 P. O. 크리스텔러, 진원숙 옮김, 《르네상스의 사상과 그 원천》, 계명대학교 출판부, 1995, 41~42쪽.

14 M. Foucault, *Arts*, 15 juin 1966. 오생근, 〈미셸 푸코와 반(反)휴머니즘〉, 서울대학교 인문학 연구원 편, 《휴머니즘 연구》, 서울대학교 출판부, 1996, 73쪽에서 재인용.

15 차문석, 《반노동의 유토피아》, 박종철출판사, 2002.

16 강영안, 《인간의 얼굴을 가진 지식: 인문학의 철학을 위하여》, 소나무, 2002, 20~21쪽.

17 국가나 민족에 대한 독일 지식인들의 과대망상과 찬양이야말로 나치즘의 진정한 이데올로기
적 기원이었다. 그런 점에서 히틀러는 결코 돌연변이 같은 우연한 역사의 일탈이 아니었던 셈
이다. J. F. 노이로르, 전남석 옮김, 《제3제국의 신화: 나치즘의 정신사》, 한길사, 1983. 우리에
게 가까운 예로, 군사 독재 시절 얼마나 많은 지식인들이 '객관적'이고 '공평무사'한 학문을 이
용해 권력을 비호하고 정당화해주었던가?

18 M. 아널드, 윤지관 옮김, 《교양과 무질서》, 한길사, 2006. 특히 3장을 보라.

19 S. 홀, 백선기 옮김, 〈문화 연구: 두 가지 패러다임〉, 《문화 연구란 무엇인가?》, 커뮤니케이션
북스, 2000, 80~113쪽.

20 H. 뵈메 외, 손동현 외 옮김, 《문화학이란 무엇인가》, 성균관대학교 출판부, 2004, 13쪽.

21 인간과 문화를 자연 속에 환원시키려는 통섭(consilience)은 이 기획의 정확한 역상(逆像)이다.
E. 윌슨, 최재천 외 옮김, 《통섭: 지식의 대통합》, 사이언스북스, 2005.

22 J. 보드리야르, 이상률 옮김, 《소비의 사회》, 문예출판사, 1991.

23 Зверева Г. И. "Культурология как академическая проблема," *Вестник РГГУ*,
No. 10/07, M. 2007 [G .I. 즈베레바, 〈아카데미적인 문제로서의 문화학〉, 《러시아 국립 인문학 대학교
학술지》, 10/07, 모스크바, 2007].

24 신동기, 《희망, 인문학에게 묻다》, 엘도라도, 2009, 16~17쪽, 24쪽.

25 고승철, 《CEO 인문학》, 책만드는집, 2009, 7쪽.

26 L. 톨스토이, 고일 외 옮김, 《중단편선》 III, 작가정신, 2010, 43~44쪽. 낯설게 하기를 가치 창
조의 차원(예술)에 적극적으로 도입한 이는 러시아 형식주의자 빅토르 시클롭스키였다. V.
Shklovsky, "Art as Technique," *Russian Formalist Criticism: Four Essays*, University of Nebraska
Press, 1965, 3~24쪽.

27 신동기, 같은 책, 27쪽.

28 E. 쇼리스, 고병헌 외 옮김, 《희망의 인문학: 클레멘트 코스, 기적을 만들다》, 이매진, 2006, 38
쪽.

29 M. 샌델, 이창신 옮김, 《정의란 무엇인가》, 김영사, 2010.

30 김두식, 《불편해도 괜찮아》, 창비, 2010.

정정훈

3

불온한
인문학은
사유의
정치다

야만성의 인문학을 위하여

정정훈　　　이주 노동자의 정치적 주체화 과정을 주제로 석사 논문을 쓰던 시절 연구공간 수유+너머의 회원이 된 이후, 지금은 노마디스트 수유너머N 연구원으로 활동하고 있다. 문화 이론과 정치철학 사이를 오가며 이것저것 공부하고 있으며, 사회운동과 수유너머N을 어떻게 좀 더 효과적으로 결합시킬 것인가를 고민 중에 있다. 현재 중앙대학교 문화연구학과 박사과정을 마치고 한국 사회의 신자유주의적 재편 이후 사회적 배제와 문화정치학을 주제로 박사 논문을 준비하고 있다. 쓴 책으로는 《군주론, 운명을 넘어서는 역량의 정치학》(2011년)이 있으며, 함께 쓴 책으로 《코뮨주의 선언》(2007년), 《소수성의 정치학》(2007년), 《맑스를 읽자》(2007년), 《모더니티의 지층들》(2007년), 《문화정치학의 영토들》(2007년), 《서양의 고전을 읽는다》(2권, 정치사회 편) 등이 있다.

한 권의 책은 우리 자신 속의 얼어붙은 바다를 깨는
도끼의 역할을 수행하지 않으면 안 된다.   —카프카

당신도 기억할 것이다, 〈시크릿 가든〉을. '현빈' 신드롬을 일으
켰던 TV 드라마. 나는 이 드라마를 열광적으로 시청했다. 참
으로 오랜만에 '본방사수'를 할 만큼. 물론 당신은 〈시크릿 가
든〉에 별 관심이 없을 수도 있다. 그러나 그건 중요한 문제가
아니다. 이 글의 주제가 〈시크릿 가든〉은 아니니까 말이다. 다
만, 내가 지금 여기서 〈시크릿 가든〉을 언급하는 이유는 이 드
라마에 오늘날 인문학이 가지는 이미지나 위상을 잘 보여주는
지점이 있었기 때문이다. 무엇보다 나의 눈길을 끈 것은 주인
공 김주원이었다. 그는 분명 새로운 재벌 후계자 캐릭터였다.
그리고 그 새로움 가운데 하나는 그가 책을 읽는 재벌이었다는 것이다.

기억하시는지? 김주원이 시를 읽고 그 시에 공감할 줄 아는 남자였다는 것을. 심지어 그는 자신이 좋아하는 '가난한 여자'를 생각하며, 그녀를 이해하기 위해 장 지글러의 《세계의 절반은 왜 굶주리는가》를 읽는 그런 남자였다. 나의 눈에 비친 김주원은 키 크고 잘생긴 남자, 돈 잘 벌고 잘 쓰는 남자, 까칠하지만 알고 보면 사려 깊은 그런 남자일 뿐만 아니라, '인문학적 교양'을 갖춘 남자이기도 했다. 새로운 재벌 남성의 캐릭터였다.

1
〈시크릿 가든〉에 나타난 인문학의 이미지

이전에도 멜로드라마에 책 읽는 남자 주인공이 등장하긴 했다. 하지만 그때 그 주인공은 사회에 대한 상처를 가진 이었거나, 아니면 지식인이라는 배경이 있는 인물이었다. 가령 '인욱'이라는 인물이 그랬다. 〈발리에서 생긴 일〉에서 소지섭이 연기한 인물. 그 드라마에서 인욱은 자신이 읽었던 그람시의 《옥중수고》를 하지원이 연기한 수정이란 인물에게 선물했다. 하지만 '인욱'은 재벌과는 거리가 먼 인물이었다. 그는 과거 학생운동을 경험한 지식인이었다. 재벌 후계자 캐릭터는 조인성이 연기한 '재민'이었다. 그는 이른바 '무개념' 캐릭터이지 않았던가. 2000년대 초·중반만 해도 재벌과 인문학은 그리 잘 어울리지 않는 조합이었다. 하지만 〈발리에서 생긴 일〉로부터 6~7년이 흐른 지금, 〈시크릿 가든〉이 보여주듯이 인문학은 재벌 후계자와도 너무나 잘 어울리는 것이 되어버렸다.

그사이 무슨 일이 벌어진 것일까? 비싼 외제 차나 고가의 명품 슈트 못지않게 젊은 재벌 남성을 돋보이게 만드는 액세서리로 인문학이 선택되고 있는 건 아닐까? 드라마뿐만이 아니라 현실에서도 인문학과 재벌은 이제 더 이상 어울리지 않는 조합이라고 할 수 없다.[1]

나는 〈시크릿 가든〉의 인문학 책 읽는 주인공 '김주원'이야말로 우리 사회에서 인문학이 어떤 의미로 통용되는지를 가장 잘 보여주는 이미지라고 생각한다. 인문학은 삶을 더 여유롭고 풍요롭게 만들어주는 스타일이자 세련된 감수성과 지적 안목을 심화시키는 교양의 원천이 된 것이다.

사회 곳곳에서 인문학이 중요하다는 말이 널리 울려 퍼지고 있다. '개념 있는' 사람 치고 인문학의 중요성을 강조하지 않는 이가 없다. 그러나 많은 인문학 프로그램에 가난한 이들의 삶을 파괴하는 자본주의의 폭력에 대한 날선 비판의 목소리가 있는 자리는 없는 것 같다. 그곳에서는 시간의 침식작용을 견딘 고전들을 탐독하며, 인간의 본질과 세계의 원리를 사유하는 고고한 지성이 활동하고 있다. 〈시크릿 가든〉의 한 장면처럼, 따뜻한 햇살과 선선한 바람이 부는 한적한 테라스에서 은은한 향의 드립 커피 한 잔을 마시며 인간의 삶을 성찰하는 여유. 나는 이것이 오늘의 인문학 이미지라고 생각한다.

2
인문학의 이미지와 인문학-장치

어떤 이는 인문학이란 사람의 무늬를 탐구하는 학문이며, 구체적인 현실 문제가 아니라 그 모든 문제를 관통하는 근원적인 문제들, 즉 인간의 본질과 삶의 가치를 궁구하는 것이 인문학의 본질이라고 말한다. 다른 이는 인문학의 실천적 성격을 강조하며 그것의 본질은 불의한 현실을 폭포하고 비판하는 것, 그리하여 저항을 창출하는 것에 있다고 말한다. 나로서는 인문학의 본질에 대한 그러한 이해들이 나름 타당할 수 있다고 생각한다. 고백하자면, 나는 인문학의 본질이 무엇인가를 규명하고 오늘의 인문학이 그 본질로부터 얼마나 벗어나 있는가 하는 문제에는 그다지 관심이 없다.

오히려 나의 관심은 '우리의 사유에서 오늘의 인문학이 어떤 기능을 하고 있는가'에 있다. 다시 말해서, 신자유주의적 질서가 삶의 모든 영역을 관통하고 있는 지금의 구체적인 현실 속에서 인문학은 어떻게 생산되고 유통되는가, 그것이 어떤 의미로 사람들에게 받아들여지고 있는가, 인문학이 '그들'과 '우리'에게 어떤 효과를 주고받고 있는가에 있다. 이것을 파악하는 것이 우리 시대의 인문학을 이해하는 데 있어 매우 중요하다고 생각한다.

한마디로 인문학의 '정의(definition)'보다는 인문학의 '용법(usage)'이 더 중요하다. 그래서 우리 현실에서 인문학이 각광받고 있는 현상을 이해하기 위해서는 인문학의 본질은 '무엇

정정훈

인가'라고 물을 것이 아니라 인문학의 현실적 기능은 '어떤 것인가'를 물어야 한다.

인문학의 현실적 기능을 묻는 것은 인문학을 하나의 '장치(dispositif)'로 보는 것이다. 장치라는 용어가 낯설어서 어렵게 보일 수도 있다. '장치'는 프랑스의 철학자 미셸 푸코가 사용한 개념이다. 푸코는 자신의 저작들 속에서 이 개념에 대한 정확한 정의를 제시하지는 않았다. 다행히 1977년에 행한 어느 인터뷰에서 장치 개념에 대한 그의 이해를 접할 수 있다. '장치'는 권력이 자신의 목표를 이루기 위해 다양한 담론적, 물질적 요소들을 전략적으로 연결하여 형성한 네트워크라고 거칠게 요약할 수 있다.[2] 아까보다는 나아졌지만 여전히 모호하다. 《호모 사케르》란 책을 쓴 이탈리아의 철학자 조르조 아감벤이 푸코의 '장치' 개념에 주목하면서 이것을 더욱 명확하게 규정했다. 그는 푸코의 '장치'에 대해 다음과 같이 썼다.

나는 생명체들의 몸짓, 행동, 의견, 담론들을 포획, 지도, 규정, 차단, 주조, 제어, 보장하는 능력을 지닌 모든 것을 문자 그대로 장치라고 부를 것이다. 따라서 감옥, 정신병원, 판옵티콘, 학교, 고해, 공장, 규율, 법적 조치 등과 같이 권력과 명백히 접속되어 있는 것들뿐만 아니라 펜, 글쓰기, 문학, 철학, 농업, 담배, 항해(인터넷 서핑), 컴퓨터, 휴대전화 등도, 그리고 (왜 아니겠는가마는) 언어 자체도 권력과 접속되어 있다.[3]

이 문장에서 알 수 있듯이 권력이 생명체를 작동하기 위해 필요한 모든 인위적 사물과 제도들이 바로 장치다. 일단 권력은 장치를 통해 대상을 포획하고 활용할 수 있게 된다. 그런데 왜, 무엇 때문에? 그것은 그저 단순한 생물학적 존재인 인간을 특정한 사회적 주체로 생산하기 위해서다.

이제 정리해보자. 장치란 **단순한 생명체를 특정한 사회적 역할을 수행하는 주체로 전환시키는 담론적·물질적·실천적 요소들의 조직과 체계**를 의미한다. 살아 있는 존재자에 불과한 인간이라는 생명체는 특정한 장치들 속에서 어떤 판단과 행동, 감각과 실천의 주체로 탄생하는 것이다. "장치들은 항상 주체화 과정을 내포해야 한다. 즉, 장치들은 그 주체를 생산해야만 한다."⁴

나는 이 장치라는 개념을 오늘날 인문학의 용법과 기능을 분석하기 위한 유용한 도구로 삼을 수 있다고 생각한다. 인문학 역시 하나의 장치인 것이다. 인문학–장치.

인문학은 생명체 인간을 특정한 사회적 역할을 수행하는 주체 인간으로 포획하는 기능적 체계, 즉 장치의 하나다. 즉, 인문학을 정의하고 인문학에 바람직한 방향을 부여하며 인문학의 효용을 강조하는 다양한 인문학 담론들, 인문학 연구와 교육의 제도적 토대를 이루는 대학 체제, 인문학 연구와 교육을 지원하는 국가의 학문 정책, 그리고 대학 밖의 다양한 인문 교양 교육기관 및 인문학 출판 시장 등의 복합적 요소들이 이루는 네트워크 속에서 인문학을 공부하는 특정한 주체가 만들어지는 것이다.

그런데 당신도 알다시피 인문학은 인간의 삶과 세계를 대상으로 하는 사유 활동이다. 인문학–장치는 이 사유 활동과 관련된 주체를 생산하는 것과 관련된다. 인문학−장치는 무엇보다 사유라는 활동을 포획하여 그것을 권력의 목표에 부합하도록 활용할 수 있게 만드는 기능을 한다. 즉, 인문학−장치를 통하여 사람들은 특정한 방식으로 사유하는 법, 사유의 문법과 규칙을 배우고 익히게 되는 것이다.

인문학−장치의 양상들

현재 인문학−장치를 구성히는 가장 기본적인 제도적 요소로 대학과 대중 교양 교육기관들을 꼽을 수 있을 것이다. 그것이 설립된 이래로 대학은 인문학 연구와 교육의 제도적 근간 역할을 해왔다. 하지만 한국 사회의 본격적인 신자유주의적 재편과 더불어 조성된 인문학의 위기 국면은 대학 인문학의 성격을 상당히 변화시켰다. 한국연구재단에 의해 인문학자들의 연구 성과들이 업적으로 평가되고, 그 재단의 지원금이 인문학자들이 연구를 하기 위한 경제적 토대를 제공하게 되면서 대학 인문학에 대한 국가의 영향력은 대학 인문학의 생존 조건이 되었다.

이 조건 속에서 인문학적 사유란 국가기관이 인증한 권위 있는 학술지가 규정하는 규칙에 따라 이루어지는 코드화된 사유가 된다. 어떤 학문적 의제가 유의미한 것인지를 선정하는 주체도 국가가 되며, 어떤 인문학적 사유의 결과가 유의미한 지식인지를 평가하는 주체도 사실상 국가가 되는 것이다. 다시 말해서, 인문학적 사유의 척도를 국가가 정하게 되는 것이다. 현재의 대학 체제 내에서 주류적인 인문학적 연구는 국가가 정한 척도를 기준으로 하여 이루어지고 있다고 말할 수 있는 실정이다.

냉정하게 생각해보면, 원래부터 대학은 학문을 할 자격이 있는 자와 그렇지 않은 자를 선별하는 제도였다. 그런데 한국연구재단의 지원금을 앞세운 국가의 학문 정책에 대학이 완전히 포섭됨으로써 인문학적 사유에 적합한 자와 그렇지 않은 자에 대한 선별은 더욱더 강화되었다. 한국연구재단이 인정하는 SCI나 KSCI에 논문을 게재한 자들은 그렇지 못한 자들보다 더 인문학적 사유에 적합한 자격을 가진 자들이 된다. 이러한 선별 작업을 통하여 대학 인문학은 점점 더 해당 분야의 전공자들만이 관심을 갖는 협소한 전문 지식을 생산하고 가공, 유통하는 폐쇄적 공간이 되어버렸다. 대학에서 인문학적 사유를 한다는 것은 논문의 형식에 의해 규제되는 전문적 지식을 생산한다는 것, 그렇게 생산된 전문 지식을 이해한다는 것을 의미하게 되었다. 현재 대학 제도에서의 인문학은 바로 이 전문적 지식 생산과 유통의 규칙을 습득하고 그 규칙에 따라 사유할 수 있는 자들에게만 가능한 것이다.

오늘날 한국 사회에서 인문학-장치를 구성하는 또 다른 중요한 제도적 차원은 대학 밖의 대중들에게 인문학을 가르치는 교양 교육기관들이다. 2000년대 중·후반 들어 여러 기관이 다양한 인문학 강좌를 개설하고 있고, 많은 사람들이 이 강좌를 수강하고 있다.[5]

인문 교양 교육기관들의 성행은 인문학의 가치와 효용을 강조하는 담론들의 유행과 밀접한 관련이 있다고 나는 생각한다.

돈이 되는 실용적 지식을 강조하는 시대적 분위기에 의해 한때 인문학은 현실에 아무런 도움도 되지 않는 한가한 고준담론으로 치부되던 때도 있었으나, 인문학이 지식정보 사회에서 창의력 함양에 자원이 될 수 있고 각박한 경쟁 사회에서 입게 된 상처를 치유하고 삶의 여유를 찾아준다는 점이 강조되면서 서서히 인문학에 대한 수요가 대중적으로 증대하게 되었다는 말이다. 인문학은 청소년들의 논리적 사고력과 창의력을 키워주고, CEO들에게 창조적 경영을 위한 통찰력을 제공해주며, 무의미한 일상에 지친 사회인들에게 삶의 의미를 가르쳐주는 지혜를 전해주는 양질의 앎으로 받아들여지고 있지 않은가!

하지만 인문 교양 교육기관들이라는 제도 속에서 인문학은 새로운 실용적 지식을 얻기 위한 영감의 원천이나 각박한 삶을 견디기 위한 치유와 위로의 수단, 혹은 삶의 질을 향상하기 위한 교양의 의미를 크게 벗어나지 못하는 것으로 보인다. 이 기관들에서 인문학을 한다는 것은 무엇을 의미할까? 그건 무엇보다 복잡하고 난해한 인문학의 사유를 까다롭지 않고 알기 쉽게 설명하는 행위로 집약된다. 이 기관들에서 인문학을 공부하는 대중들은 언제나 강사가 전달해주는 지식을 그저 받아들이는 자, 다시 말해서 수용자의 위치를 쉽게 벗어나지 못한다. 이 세팅 안에서는 인문학 텍스트를 자기 삶의 문제와 연관시켜 치열하게 숙고하는 사유 활동은 결코 대중의 몫이 될 수 없다는 말이다. 강좌의 수강생들인 대중은 스스로 텍스트의 의미를 곱씹고, 자신의 지적 역량이 다하는 데까지 사유하는 자가 아니라, 강사가 해설해주는 지식을 받아들이고 습득하는 자일 뿐이다. 심지어 아무리 난해한 개념을 습득한다고 하더라도, 그렇게 습득하게 된 지식이 아무리 복잡한 것이라고 하더라도 인문 교양을 배우는 이들은 이미 다른 이가 해석하고 재구성한 코드화된 지식을 소비하게 될 뿐인 것이다.

이렇게 인문학–장치는 제도와 담론, 그리고 국가정책들의 상호작용적 체계 속에서 사유 활동을 특정한 방식으로 코드화하며, 그렇게 코드화된 사유를 반복하는 주체들을 만들어내고 있다는 것이 나의 생각이다. 내가 너무 비관적인가? 하지만 생각해보자. 대학에서는 학술 논문이라는 전문가적 형식 속에서 인문학적 사유는 코드화되며, 인문 교양 교육기관에서는 해설과 설명이라는 대중적 형식 속에서 코드화된 지식을 전달한다. 이 코드를 벗어난 사유는 공식적으로 인증되지 못하는 사적 사유에 불과한 것이 될 뿐이다. 오늘날 한국 사회의 인문학–장치는 인문학적 사유에 적합한 자와 그렇지 않은 자를 선별하며, 그렇게 선별된 자들에게는 특정한 코드에 따라 사유하도록 만든다. 한국 사회에서 인문학적 사유는 이렇게 인문학 장치에 의해 특성한 방식으로 포획된 지식의 생산, 가공, 유통의 공정을 좀처럼 벗어나지 못하고 있는 것이다.

이 장치는 항상–이미 존재하는 암묵적 전제들에 따라 지적 작업을 수행하는 앎의 주체들을 형성할 뿐이다. 그것이 아무리 심원하고 복잡한 것처럼 보여도 사유가 진행될 경로는 이미 정해져 있다. 마치 중세의 천문학자들이 별들의 운동을 설명하기 위해 아무리 복잡한 계산식을 고안하는 작업을 했다고 하더라도 그것은 모두 천동설을 전제한 지적 작업이었고, 나

정정훈

아가 천동설이라는 전제의 정당함을 입증하기 위한 지적 작업이었던 것처럼 말이다. 지금의 인문학-장치는 기존의 사유 규칙, 지적 작업을 규제하는 질서에 순응하는 주체들을 만들어 내고 있다. 그렇기 때문에 대학은 전문적인 인문학 논문을 양산하고 있고, 기업들이 인문학적 소양을 강조하며, 지방자치단체와 공공 도서관을 비롯한 국가기관들과 백화점과 각종 문화센터에서 인문학 강좌들이 개설되는 등 인문학 공부가 유행처럼 번져 나감에도 불구하고, 오늘의 인문학은 이 시대의 지배적 질서에 아무런 위협도 되지 못하는 것은 아닐까? 인문학 강의를 듣거나 인문학 책을 읽는 행위와 우리 시대의 지배적 가치 질서에 이의를 제기하고 권력 체제에 저항하는 전복성은 결코 어울리지 않아 보이는 것이다. 안온한, 너무나 안온한 인문학, 그것이 오늘날 인문학의 이미지다. 그리고 오늘날 유행하는 인문학의 이미지는 바로 이러한 인문학-장치의 산물이라는 것이 지금 내가 하고 싶은 말이다.

3
'지적 습관'에서 '사유'로

사유의 공리계
이러한 지배적인 인문학의 이미지 속에서 인문학이라는 사유의 형식이 포함하는 또 다른 차원은 철저하게 망각되고 있는 것은 아닐까? 다시 말해서, 인간의 삶과 그들이 살아가는 세계의 질곡과 갈등을 섬세하게 포착하고, 더더욱 나은 세계를 위해 현재의 모순을 예리하게 비판하는 사유의 전복성은 배제되고 있는 것은 아닐까?

나는 온화함과 동일성의 논리로 우리를 포획하는 인문학의 이미지를 뒤흔드는, 그래서 인문학을 낯설게 하고, 그래서 인문학을 더욱 불편하게 만드는 인문학에 반하는 사유 활동, 즉 그 사유 활동을 '불온한 인문학'이라 명명하고자 한다.

나 역시 내가 말하는 '불온한 인문학'에 대해 어떤 이미지를 부여하고 싶다. 불온한 인문학은 인문학 공부가 평온하고 안온한 삶과는 무관할 뿐만 아니라 오히려 그러한 삶을 뒤흔드는 위험한 행위이자 사유의 활동임을 말하는 것이다. 다시 말해서, 인문학-장치에 의해 생산되고 유통되는 앎과 대결하는 지적 투쟁, 그러한 앎이 주조되는 암묵적 전제와 규칙들을 와해시키는 사유의 폭력이 불온한 인문학이다. 그러기에 불온한 인문학은 항상-이미 정당하고 자명한 것으로 전제된 임의적 공리들에 따라 관성적으로 진행되는 지성의 작업, 지적 습관이라고 불러야 더 마땅한 코드화된 사유를 파괴하는 사유 활동이다. "불온한 인문학은 야만성의 사유다."라고 말할 수 있겠다.

이러한 불온한 인문학에 주어진 첫 번째 과제는 '지적 습관'의 훈육이 아니라 그것을 깨는 '사유'의 촉발이다. 그런데 인문학-장치에 의해 훈육되는 지적 습관에 맞서 그것을 깨는 사유의 폭력은 어떤 의미일까?

데카르트라는 이름을 알 것이다. 그렇다. "나는 생각한다,

정정훈

고로 나는 존재한다."는 유명한 철학적 선언을 남긴 철학자다. 그를 서양 근대 철학의 비조로 자리 잡게 만든 것은 그 유명한 방법적 회의, 즉 확고한 앎을 위해 모든 임의적이고 자의적인 앎의 전제를 의심한다는 회의의 방법이었다. 그 방법으로서의 회의를 통하여 그는 결코 자의적이거나 임의적이 아닌 확고한 사유의 근거, '명석판명'한 토대로서 "나는 생각한다, 고로 나는 존재한다."는 테제를 제시했다. 데카르트는 이 테제야말로 결코 의심할 수 없는 명증한 사유의 근거라고 생각했다. 하지만 정말 그런 것일까? "나는 생각한다, 고로 존재한다."는 이 테제를 구성하는 모든 말은 그 자체로 명확하고 분명한 수학적 공리들 같은 것일까? 모든 사유의 자명한 토대, 의심할 수 없는 기초가 될 수 있을 만큼 이 테제는 명증한 것일까?

'나는 생각한다.'와 '나는 존재한다.'는 두 문장으로 구성된 데카르트의 테제. 여기서 핵심은 '생각한다'와 '존재한다'는 것이다. 그런데 '생각한다'는 건 무엇을 의미하는 것일까? 또 '존재한다'는 것은 어떤 함의를 담고 있는 것일까? 적어도 "나는 생각한다. 그러므로 나는 존재한다."는 테제가 더 이상 의심할 수 없는 분명하고 명확한 출발점이 되기 위해서는 모든 사람이 '생각한다'는 것과 존재한다는 것의 의미를 이해하고 있어야 한다는 전제가 필요하다.

하지만 '생각이란 무엇인가?', '존재란 무엇인가?'와 같은 물음은 서양 철학의 역사를 관통하는 논쟁거리지 않았는가? 다시 말해서, 데카르트가 명석판명한 사유의 기초로 제시한 테제에서도 '사유한다는 것'과 '존재한다는 것'의 의미는 그

타당성이 밝혀지지 않은 채 전제되어 있다는 것이다. 데카르트는 누구나 사유한다는 것의 의미, 그리고 존재한다는 것의 의미를 이해할 것이라고 임의적으로 가정하고 있다. 그러나 사유와 존재는 그 자체로 자명한 것으로 전제될 수 있는 공리가 아니라 그 의미가 명확하게 밝혀져야 할 문제다.

사실 이와 같은 데카르트 비판은 나의 비판이 아니라 프랑스의 철학자 질 들뢰즈의 비판이다.[6] 들뢰즈에 따르면, 비단 데카르트뿐만이 아니라 서양의 사유는 전반적으로 결국에는 정합성이 분명하게 검토되거나 타당성이 명확하게 해명되지 않은 어떤 전제들을 자신의 토대로 삼아왔다고 한다.[7] 들뢰즈는 그러한 임의적이고 암묵적인 전제들을 '사유의 공리'라고 부른다. 사유의 공리란 모든 사유의 가능 조건, 사유의 활동이 전개되기 위한 모판과 같은 것이다. 수학적 체계가 더 이상 증명을 요하지 않는 공리들에 의해서 구축되듯이 사유 역시 그것이 기반으로 하는 명증한 지평을 가지고 있다. 이런 의미에서 사유의 공리는 그 자체로 나쁜 것이라 할 수 없다. 사실상 들뢰즈가 문제 삼고 있는 사유의 공리들은 임의적이고 자의적인 것들이다.[8] 그는 이러한 사유의 공리를 '독단적인 공리'라고 말한다. 공리라는 개념이 어차피 수학에서 나온 것이니 수학적 용어를 좀 더 사용하면, 사유 활동에 근거를 제공하는 임의적 공리들의 체계를 '사유의 공리계'라고 부를 수 있을 것이다.

그런데 우리 논의의 맥락에서 주목해야 할 지점은 사유의 과정에 암묵적으로 전제된 임의적 공리들의 체계, 즉 사유의 공리계가 근본적으로 사유 활동의 적이라는 데 있다. 이 공리

정정훈

들은 사유 활동을 왜곡하고 훼손하며 압살한다.[9] 이는 사유의 공리계가 사유 활동의 한계를 설정하는 기능을 하기 때문이다. 사유의 공리들은 사유 활동이 더 이상 숙고해야 할 대상, 검토하고 규명해야 할 영역이 아니다. 사유 활동은 그 공리들 앞에서 정지하게 된다. 사유가 해야 할 일은 그 공리들이 타당함을 밝히는 작업이다. 임의적 공리들에 입각하여 구축된 체계를 더욱더 잘 다듬는 것, 그 체계를 더 강화하는 작업이 바로 사유의 공리계를 전제로 하여 작동하는 사유 역할이다. 즉, 사유의 공리계에 입각하여 진행되는 사유란 사실상 그 암묵적 전제에 대한 정당화 작업에 다른 것이 아니다. 언제나 사유의 공리계는 자신의 원칙에 따라 사유의 활동을 규율하고자 한다. 사유가 진행되어야 할 경로는 항상-이미 정해져 있고, 사유의 결과가 도출해야 할 결론은 이 공리 체계에 위배되어서는 안 되는 것이다. 그렇기 때문에 사유의 공리계 안에서는 그것에 반하는 사유, 즉 새로운 사유란 발생할 수 없다. 이러한 사유의 공리계에서 국가와 같은 권력의 형상을 발견하기란 그리 어려운 일이 아닐 것이다.

사유와 국가

물론 여기서 말하는 국가는 대통령과 관료들로 이루어진 현실의 정치적 공간에 실재하는 국가가 아니다. 사유의 공리계 안에서 작동하는 사유의 작동하는 방식이 국가조직과 매우 닮아 있다는 의미다. 국가는 임의적 공리들의 체계 안에서 작동하는 사유의 이미지다. 혹은 국가는 그러한 사유의 모델이다. 모든 지배적인 사유는 국가처럼 조직되어 있고, 국가처럼 작동한다.

들뢰즈가 가타리와 더불어 쓴 《천의 고원》의 고원에서 말하는 바와 같이 국가는 모든 사유의 이미지들을 장악하고 있는 사유의 이미지다. 지배적 사유는 언제나 국가를 자신의 모델로 삼고 있다는 것이다.

근본적인 문제는 사유의 형식 그 자체다. 사유 그 자체는 이미 그것이 국가 장치로부터 빌려오는 모델에 순응하며, 이 모델은 목표와 경로, 도관, 수로, 기관 등 방법 전체를 규정한다. 따라서 모든 사유를 뒤덮는 사유의 이미지가 존재한다. 그것은 '눌로지(noologie, 사유학)' ■의 특별한 대상이고, 사유 속에서 발전한 국가 형태와 같은 것이다.[10]

잘 알다시피 국가는 그것의 권력이 미치는 영토 안에 존재하는 사람들의 생활 방식과 활동 방식을 통제하고 관리하는 규제적 중심이다. 국민은 국가의 법에 따라 행동의 한계를 규정받게 된다. 국가가 용납하는 행동이 있지만 그렇지 않은 행동도 있는 것이다. 국가가 허용하는 한계를 넘어서는 행동은 범법이 되어 처벌받게 된다.

가령 당신이 약속 장소에 갈 때, 아무 길로 막 가면 안 된다. 차는 차도로, 사람은 인도로 가야 하지 않는가! 물론 이 규정은 국가에 의해서 만들어진 것이다. 만약 이 규정을 어긴다면

■ 눌로지란 사유 자체를 대상으로 하는 학문을 말한다. 즉, 사유학이다.

　정정훈

도로교통법 위반으로 벌금을 물게 된다. 나나 당신은 어느 곳을 갈 때 자기가 가고 싶은 길로 가는 것 같지만 사실은 국가가 정해준 통행 방법에 따라 국가가 허락한 길로만 통행하고 있는 것이다.

그런데 이는 사유에서도 마찬가지다. 사유 활동은 결코 진공 상태에서 이루어지지 않는다. 자유의 기예(liberal arts)라고도 불리는 인문학 연구를 수행하려 해도, 그것이 개인의 취미가 아니라 공적인 업적으로 인정받기 위해서는 '자유롭게' 연구를 수행해서는 안 된다. 대학 제도에 의해서 정당한 자격을 부여받은 연구자의 연구만이 공적인 업적이 되는 것이다. 그렇다. 학위라는 자격증을 말이다. 그리고 당연히 이때는 전공이 요구되며, 학위의 단계가 높아질수록 전공 분야도 더욱더 전문화된다.

그리고 전문적인 연구자가 될수록 그의 사유가 다룰 수 있는 대상은 엄격해지며, 사유가 따라야 할 방법은 엄밀해진다. 학계에서 정당하다고 인정된 대상을 선택하지 않거나, 그 분야에서 통용되는 연구 방법을 따르지 않으면 그의 사유는 결코 공적인 것으로 인정받을 수 없게 된다. 마치 국가가 국민의 생활 방식과 활동 방식을 규제하듯이, 국가적 사유의 이미지는 사유의 형식과 방법을 규제하는 것이다. 국가적 사유의 이미지 안에는 "'무엇을' 사유하기 이전에 이미 그 '무엇'을 설정하는 방법, 그것을 사유하는 방법과 규범 등의 사유 형식이 주어져 있고, 그것이 우리의 사유를 먼저 규정하고 제한"한다.[11]

이러한 국가적 사유의 이미지, 다시 말해 국가를 사유가 조직되고 작동하기 위한 모델로 설정한 사유의 이미지는 무엇보다 사유에 어떤 '내부성의 형식'을 제공한다. 즉, 그 자체로 완결된 폐쇄적 체계 안에서 사유가 순환되도록 하는 것이다. 유클리드의 공리들에 의해 구축된 기하학적 체계, 신의 주권으로 존재의 질서를 설명하는 칼뱅의 신학적 체계, 이성의 자기 실현 운동으로 세계사를 설명하는 헤겔의 역사철학적 체계 등과 같이 국가는 사유에게 어떤 중심적 원리에 따라 구성된 완결된 내부적 체계를 제공해준다. "이로부터 사유가 무엇을 얻는가를 알기는 쉽다. 사유가 자신의 것으로 해본 적이 없었던 중력, 국가를 포함하여 모든 것이 자기의 고유한 효율성 혹은 재가에 의해 존재하는 듯이 보이게 하는 중심이 그것이다."[12] 이러한 내부적 체계 속에서 코드화된 사유, 혹은 습관화된 지적 작업은 탄생한다. 이렇게 국가를 자신의 모델로 삼은 사유는 하나의 중심에 의해 통합된 완결된 내적 체계를 얻게 되었다.

그런데 사유가 국가를 모델로 삼게 되자 현실 정치 공간의 국가 역시 이 사유로부터 얻게 되는 것이 생긴다. 국가를 자신의 모델로 삼은 사유는 현실 국가를 정당화한다. 즉, 사유는 국가라는 권력의 형태가 언제나 보편타당한 것이라고 주장하는 것이다. 가령 플라톤은 정의로운 삶의 원리를 도출하기 위하여 그것을 구성하는 각 부분이 서로의 영역을 침해하지 않고 조화롭게 운영되는 국가의 표상을 제시하며, 홉스는 인간이 다른 인간과 다투지 않고 더불어 살아가기 위한 공동체적 삶의 원리를 국가의 형성에서 찾으며, 헤겔은 보편적 윤리의 현실적 근거를 국가에서 찾고 있는 것처럼 말이다. 이들의 철

정정훈

학은 국가를 자기의 모델로 하여 작동하는 사유가 실제의 국가를 어떻게 보편적인 것으로 만드는지를 보여주지 않는가! 이렇게 사유와 국가는 상호 보완적으로 작동하며 공모하고 있다. 그리고 양식 있고 건전한 시민들을 육성하려는 오늘날의 인문학—장치 역시 이러한 사유와 국가의 공모를 보여주고 있다는 것이 나의 생각이다.

4
야만성의 사유, 사유의 야만성

사유와 폭력

이러한 국가 모델에 입각한 사유의 체계 안에서 그것에 반하는 새로운 사유는 탄생할 수 없다. 아무리 복잡한 논리와 심오한 개념을 내세운다고 할지라도 그 논리와 개념은 결국 자신이 기반하고 있는 모델이 정당함을 증명하기 위한 것일 뿐이다. 국가를 모델로 하여 형성된 사유의 독단적 공리계 내부에서 형성되는 사유란 기존의 사유가 좀 더 복잡화한 것이거나 심화된 것일 뿐이다.

새로운 사유는 우리의 삶과 세계를 이해하던 체계 안에 포함될 수 없는 어떤 이질적인 외부와 마주칠 때 발생한다. 이때까지 나의 모든 지적 작업을 수행하던 사고의 공간 내부에 존재하는 사유 방식으로는 도저히 이해될 수 없는 낯선 것, 내 사고의 전제된 암묵적 체계 안에서는 그것을 해명할 수 있는 어떤 지적인 자원과 도구도 존재하지 않는 기이한 것과의 조우가 사유의 발생을 촉발하는 폭력이다. 그것은 마치 현대 언어만 알고 있던 당신이 우연히 마주하게 된 고대의 상형문자와 같은 것이다.

당신이 익숙한 언어 체계 내부에서는 도저히 그 의미 파악이 불가능한 것, 그래서 그 문자를 이해하기 위해서는 당신이 익숙했던 언어 체계로부터 떠나지 않으면 안 되도록 당신을 강제하는 것. 그것을 이해하기 위해서 당신은 이전까지 해보지 않았던 새로운 발상을 해야 하고, 이미 익숙한 언어를 이해하던 방식과는 다른 방식을 궁리해야 한다. 다시 말해서, 새로운 생각을 해야 한다. 그것은 사실 당신이 너무나도 익숙해 있는 사유의 공리계에 가해진 폭력이다.

폭력은 기존의 사유 활동에 경계와 한계를 부여하던 공준들의 성벽에 균열을 일으킨다. 이 폭력에 의해 당신과 나—'나'라고 무엇이 다르겠는가?—의 사유가 기대고 있던 공준들은 의심에 부쳐지고, 당신과 나의 사유 과정을 규정해왔던 체계들은 와해되기 시작한다. 이 폭력에 의해서 비로소 우리의 정신은 그동안 항상 암묵적으로든 명시적으로든 전제해왔던 사유의 공리계로부터 벗어나서 그 낯설고 기이한 것, 즉 외부를 이해하고 파악하기 위해 모든 역량을 다해 사유하기 시작하는 것이다. 들뢰즈의 말대로 "어떤 폭력이 사유로서의 사유에 행사되어야만 한다. 그리고 그 폭력에 대해서 사유하도록 어떤 힘이 강요해야만 한다."[13]는 것이다.

폭력에 의해 촉발된 사유 활동이 진전되면 될수록 이때까지 사유 활동을 가두어두었던 체계들은 허물어지기 시작하고, 사유 활동이 그에 따라 반드시 밟아가야 했던 경로는 파괴된다. 이제 사유 활동은 자신을 위한 새로운 길을 만들어가야 한다. 습관화된 지적 작업이 아니라 새로운 사유가 개시되는 것이다.

이는 단지 논리적 차원에서 파악될 수 있는 과정만은 아니다. 어렸을 적 나는 미국이 약소국에 경제적 원조를 제공하고, 세계 평화를 위협하는 공산주의자들과 이슬람 테러리스트들을 무찌르는 정의로운 국가라고 배워왔다. 그리고 그 사실을 별로 의심하지 않았다.

하지만 어느 날, 미국이 시민혁명에 의해 수립된 칠레의 아옌데 정권이 반미 성향이라는 이유로 칠레 군부의 쿠데타를 지원해 칠레의 민주 정부를 전복했다는 사실에 직면하면서, 한국의 군사작전에 대한 최종 승인권을 가진 미국이 5·18 당시 광주에 공수부대 투입 및 발포를 묵인했다는 사실에 맞닥뜨리면서 미국에 대한 내 생각은 심히 혼란스러웠다. 내가 배워왔던 세계 평화의 정의를 지키는 미국과 자국의 이익을 위해서라면 다른 나라의 민주 정부를 전복하고 타국의 시민들이 학살되는 것을 묵인하는 미국이 충돌했던 것이다. 그 과정에서 미국에 대해서 생각할 때 정의와 평화를 사랑하는 나라라는 내 암묵적 전제들, 임의적 공리들은 파괴되어갔다. 당신도 이와 유사한 경험이 있지 않은가?

임의적인 공리들을 토대로 하여 형성된 사유의 독단적 공리계에 행사되는 외부적인 것에 의한 폭력은 새로운 사유가 시작되는 출발점이다. 그런 의미에서 사유는 이성적이라고 가정된 주체의 능동적 작업이 아니라 외부에서 도래하는 폭력에 의해 강제되는 수동적인 것이기도 하다. 들뢰즈의 말대로 "사유는 오로지 '사유를 야기하는' 것, 사유되어야 할 것에 직면하여 겪게 되는 강제와 강요의 상태에서만 사유할 따름이다."[14]

불온한 인문학은 바로 지배적 사유의 공리계에 대한 폭력과 다른 것이 아니다. 현재의 인문학-장치 내부에서 형성되는 사유가 기대고 있는 자의적 전제들과 임의적 공리들과 불화를 일으킬 수밖에 없는 위험한 개념들과 논리들, 그 장치가 주형하는 사유와 언어의 체계에 낯설기 그지없는 이질적인 상형문자들의 폭탄을 투척하는 인문학이 불온한 인문학이다.

다시 말해서, 인문학이 지식정보자본주의 시대의 필수적인 이윤 창출 능력인 창의력을 함양하기 위한 수단이고, 풍요롭고 여유로운 삶을 위한 교양이며, 각박한 경쟁 사회 속에서 상처 입은 마음을 치유하는 양약과 같은 것이라는 인문학에 대한 이미지, 결국 인문학이란 성숙한 국가와 사회를 형성해 나가는 양식 있고 건전한 문명인을 육성하는 정신의 양식이어야 한다는 인문학-장치가 인문학에 부여하는 이미지를 파괴하는 사상의 폭력성이 바로 불온한 인문학의 중핵이라는 것이다. 그리하여 새로운 사유의 길로 인문학을 공부하는 이들을 내모는 인문학이 불온한 인문학이다.

사유의 전쟁기계

그런 의미에서 불온한 인문학은 근본적으로 사유의 공리계에 대해 투쟁할 수밖에 없다. 그리고 사유의 공리계가 사유의 이

정정훈

미지, 혹은 사유의 모델과 같은 것이라면, 불온한 인문학은 지배적 사유의 근본적인 모델인 사유의 국가 모델과의 대결을 피할 수 없을 것이다. 불온한 인문학은 국가를 모델로 한 사유와 불화할 수밖에 없다는 것, 다시 말해 사유의 대지에서 수행되는 반국가적 활동을 의미한다는 것이다. 그렇다면 이 국가에 대항하는 사유 활동은 어떤 것일까?

프랑스의 정치인류학자 피에르 클라스트르에 따르면, 이른바 '원시사회'란 국가의 단계에 도달하지 못한 미개한 사회가 아니라 적극적으로 국가 시스템의 출현을 방지하려고 노력한 사회였다고 한다.[15] 이때 국가 출현을 방지하는 가장 핵심적 수단이 바로 전쟁이었다. 전쟁은 국가를 저지한다.

원시사회란 무엇인가? 원시사회는 모두 동일한 원심적 논리에 의해 지배받는 비분화된 공동체들의 다수성이다. 어떤 제도가 그러한 논리의 항구성을 표현하고 또 보장해줄까? 전쟁이 바로 그것이다. 전쟁은 공동체들 사이의 관계의 진리고, 통합화의 구심적 힘에 대항하여 분산의 원심적 힘을 발전시키는 주된 사회학적 수단이다.[16]

국가란 그것의 권력이 미치는 모든 영역 안에 존재하는 것들을 하나의 중심에 의해 위계화된 단위로 편성하고 통합하는 장치다. 그런데 클라스트르는 원시사회의 전쟁이 이런 중심에 의한 통합을 저지하고 원시사회를 이루는 다수 단위들이 파편적으로 존재하는 것을 가능하게 만들었다고 한다. 즉, "원시사회의 존재는 완전히 전쟁에 기초하고 있으며, 원시사회는 전쟁 없이 지속될 수 없다. 전쟁이 더 많을수록 통합화는 반대로 적어진다. 국가의 가장 강력한 적은 전쟁이다. 전쟁을-위한-사회로서의 원시사회는 국가에 대항하는 사회다."[17] 사실, 생각해보면 홉스가 전쟁을 방지할 필요성이야말로 국가 형성의 근본 원인으로 지적한 것은 바로 원시사회의 논리를 거꾸로 세워놓은 것이라고 할 수 있다. 다시 한 번, 전쟁은 국가를 저지한다.

전쟁이 국가의 출현을 저지한다고? 선뜻 납득이 되지 않을 수도 있겠다. 물론 국가도 전쟁을 수행한다. 하지만 국가가 수행하는 전쟁은 국가의 내적 체계를 보전하거나 그것을 밖으로 확대하기 위한 도구적 차원의 것이다. 다시 말해서, 전쟁 자체가 국가의 목표와 계획에 의해 조절되어야 한다는 것이다. 전쟁이 국가권력의 중심에 의해 통제되지 않을 때 그것은 국가를 와해시키는 원심적 힘으로 작용할 수도 있다. 그러한 의미에서 전쟁을 수행할 수 있는 힘을 자신의 수중으로 집중하는 것은 국가 존립의 관건적인 문제다. 베버를 비롯한 많은 학자들이 지적하듯이, 중앙집권적 국가는 폭력의 독점을 통해서 성립할 수 있었다. 그리고 오직 그런 한에서 '전쟁이란 다른 수단에 의한 정치의 연속'이다.

하지만 국가에 의해서 영유되지 않는 전쟁이 있다. 주권이라는 단일한 중심에 의해 조직된 자기 완결적 체계를 구성하길 거부하는 유목민들의 전쟁이 그러하다고 들뢰즈와 가타리는 말한다. 유목민들은 자신의 사회를 전쟁을 수행하는 하나의 단위인 전쟁기계로 편성했다. 그리고 전쟁기계는 국가에

정정훈

대해서 외부적이다. "전쟁기계 그 자체에 대해서 말하자면, 그것은 국가 장치로 환원될 수 없고, 국가의 주권 외부에 존재하며, 법률에 선행하는 것처럼 보인다. 전쟁기계는 다른 곳으로부터 온다. 전사의 신인 인드라는 (왕권을 상징하는 신) 미트라뿐만 아니라 (종교적 사제를 상징하는 신) 바루나와도 대립한다."[18] 즉, 유목민들은 결코 단일한 주권적 중심의 통제 하에 자신들의 전쟁 능력을 집중시키지 않고, 자신들의 전쟁기계를 유지함으로써 국가라는 완결된 내적 체계의 수립을 저지했다는 것이다. 이런 의미에서 클라스트르가 원시사회의 전쟁이 '국가에 대항하는 사회'의 기능이었다고 말하는 것처럼, 유목민들의 전쟁기계도 국가에 의한 대중의 통합을 불가능하게 만드는 것이었다.

그런데 이와 같은 전쟁기계는 사유의 영역에도 존재한다. 즉, 사유의 국가적 모델에 대항하는 사유의 전쟁기계가 있다는 것이다. 들뢰즈와 가타리는 이러한 사유를 '대항 사유(contre-pensée)'라고 부른다. 이들에 따르면, 대항 사유의 "행동은 폭력적이고, 외양은 불연속적이며, 그 존재는 역사 속에서 기동적이다."[19] 대항 사유는 사유의 국가적 이미지에 포획된 지적 습관에 폭력을 행사하고, 임의적 공리들에 의해 연속적으로 전개되는 사유의 경로들을 끊으며, 영원불변한 진리의 자리에 머물기보다는 구체적인 상황 속에서 발생하는 구체적인 문제들의 해를 찾아 사유의 방식을 변형하는 유동적인 것이다. 대항 사유는 사유의 대지에서 주권적 중심에 의해 체계화된 국가의 수립을 저지하거나 이미 성립된 국가를 파괴하는 사유의 전쟁이다.

그것은 내부성에 대항하는 사유, 즉 외부의 사유다. 그러나 이 사유의 외부성의 형식—항상 자기 자신에 외부적인 힘, 혹은 최종적인 힘, n번째의 힘—은 국가 장치가 불어넣는 이미지에 대립하는 또 다른 이미지가 결코 아니다. 그것은 차라리 이미지와 그 복제, 모델과 그 재생산 양자 모두를, 사유를 진리, 정의, 혹은 권리(데카르트의 진리, 칸트의 정의, 헤겔의 권리 등)라는 모델에 종속시키는 모든 가능성을 파괴하는 힘이다."[20]

현재 인문학-장치에 대항하는 불온한 인문학이란 들뢰즈와 가타리 식으로 말하면 대항 사유를 벼려내기 위한 시도이며, 사유의 전쟁기계를 가동시키기 위한 기획이라 할 수 있다. 그것은 무엇보다 오늘날 유행하는 인문학이 당연한 것으로 전제하는 공리들과 그것에 의해 구축된 내적 완결성, 내부성의 형식을 파괴하는 전쟁을 마다하지 않는 사유다. 불온한 인문학은 CEO 인문학, 치유의 인문학, 교양 인문학, 창의력 인문학 등이 형성하고자 하는 자본의 이해와 국가 질서에 순응적인 삶의 방식을 파괴하고 그것과 절연하려는 사유의 힘을 인문학이 가동시킬 수 있을 때 가능할 것이다.

5.
사유의 야만인들, 그들의 도래를 기다리며

삶과 사유의 지배적 체제로서 국가와 자본은 언제나 보편적이라고 가정된 주체의 형상을 제시한다. 국가 체제에 순응하는 건전한 국가인이나 화폐의 증식을 인생 최대의 가치로 여기는 경제인. 그들이 바로 국가와 자본이 꽃피우는 문명의 주체들로서 문명인이다. 오늘날 인문학-장치의 핵심적 기능은 바로 이러한 문명인을 양성하는 것에 있다.

이런 맥락에서 보면, 우리 시대의 주류적인 인문학에 대항하는 불온한 인문학이란 국가와 자본의 논리를 내면화한 문명인들과는 다른 주체의 생성을 위한 사유 활동의 기획이다. 다시 말해서, 인문학-장치에 폭력을 행사하고 그것과 전쟁을 벌이려는 불온한 인문학은 다른 주체, 혹은 대항 주체의 도래를 위한 실험이라는 것이다. 그런 의미에서 불온한 인문학은 '도래할 인민'을 기다린다.

이 도래할 인민이란 국가와 자본이 꽃피운 문명에 길든 문명인(the civilized)이 아니라 차라리 야만인(savage)이라 불리어야 하는 자들이다. 국가와 자본의 가치를 삶의 규범으로 삼은 자들이 문명인 혹은 교양인이라고 불린다면, 그 규범을 거부하는 이들은 불순한 존재들로서 야만인이라고 불리는 것이다. 지배적 문명의 관점에서 보면 야만인들은 그런 의미에서 문명의 원리를 내면화한 보편적 주체가 될 수 없다. 그들은 언제나 문명의 보편적 발전의 궤적에서 벗어난 특이한 집단으로, 즉 어떤 '부족(tribe)'이나 어떤 '인종(race)'으로 불려왔다. 사실 야만인은 문명이 제시하는 주체의 형상으로부터 벗어난 자들, 그 주체의 형상을 거부하는 자들의 이름이며, 그래서 문명에 의해 억압된 자들의 이름이다.

인종-부족은 오직 억압받는 인종의 수준에서만 존재하며, 그것이 치르는 억압의 이름으로만 존재한다. 열등한 소수 인종이 아닌 인종은 없다. 지배적 인종이란 없다. 인종은 순수성에 의해 정의되는 것이 아니라 지배의 체계가 그것에 부여하는 불순함에 의해 정의된다. 잡종과 혼혈은 인종의 진짜 이름이다.[21]

야만인들은 국가와 자본이라는 지배 체계가 상식이나 양식으로 규정하는 가치와 규범에 얼굴을 돌리는 자들이다. 그들은 하나의 통일된 중심에 의해 질서 잡혀 있는 국가를 모델로 하여 사유하지 않는다. 이 야만인들은 상품의 축적과 화폐의 증식을 위해 자기 시간과 능력의 거의 전부를 투자하라는 자본주의적 삶의 정언명령을 거부한다. 야만인들은 국가와 자본이라는 지배 체계가 그들의 사유와 삶을 특정한 방식으로 길들이고자 할 때 그 지배 체계와 전쟁마저도 불사하는 자들이다. 이들은 국가와 자본이 부여하는 규범에 결코 부합하는 주체들이 아니다. 그들은 이 시대의 삶과 사유를 규정하는 가치와 규범, 권력이 제시하는 척도와 불화하는 자들이다. 그런 의미에서 이들은 '불순함'에 의해 정의되는 자들이며 불온한 자들이다.

그렇다면 불온한 인문학은 인문학을 통해 우리 시대의 지배적 사유의 척도와 삶의 척도로부터 탈주하고 그와는 다른 사유의 방식과 삶의 형식을 창출하려는 시도임을 알아차리는 것 역시 어려운 일은 아닐 것이다. 나를 비롯한 동료들은 '불온한 인문학'이라는 이름을 통해 이름 모를 또 다른 친구들과 함께 이런 야만인-되기를 하고자 한다. 당신이 지금 읽고 있는 이

정정훈

책을 포함하여 '불온한 인문학 시리즈'로 발간될 책들이 그 출발점을 이룰 것이다.

불온성을 단지 수사학적으로 사용하는 것이 아니라 그것을 정상과 비정상, 안정성과 불안정, 확실성과 불확실성을 나누는 경계를 뒤흔들고 침범하는 존재로 개념화함으로써 불온성을 철학적으로 규명하려는 시도인 '불온한 것들의 존재론', 오늘날 자본 증식의 메커니즘과 국가 장치가 어떻게 대중의 삶을 불안정화하며 그들을 공동의 사회적 자원으로부터 배제함으로써 착취하는지를 분석하고, 배제된 자들이 이런 체제에 대항하기 위한 집단적인 정치적 활동의 가능성을 어디서 찾을 수 있는지를 모색하는 '시큐리티의 통치 체제와 배제된 자들의 정치', 디아스포라, 즉 흩어지고 산포된 자들의 네트워크가 어떻게 국가적 중심과는 다른 사유와 삶의 가능성을 창출할 수 있는지를 기독교 신학자 사도 바울에 대한 전복적 읽기를 통해 규명하고자 하는 '디아스포라의 정치신학', 자본의 이윤 창출과 국가의 권력 강화를 위해 복무하는 지배적 기술과는 다른 인민의 비가시적 기술을 탐사함으로써 기술에 대한 오늘날의 통념적 사유와 대결하고자 하는 '에세트라의 테크놀로지' 등이 '불온한 인문학'이라는 이름으로 수행해 나갈 연구 목록이다.

이 연구 작업을 하면서 나와 동료들은 국가와 자본에 사로잡힌 문명인이 아닌 그와는 다른 삶의 방식을 위해 국가와 전쟁도 불사하는 야만인들의 도래, 야만인들의 생성을 기다리고자 한다. 또한 그러한 야만인들과의 만남을 통해 우리 자신 역시 우리 안에 깊이 침윤되어 있는 문명의 습속으로부터 벗어나 또 다른 야만인들이 우리 안에서 태어나길 바란다.

주

1   이 책에 실린 문화의 글, 〈우리 시대 인문학은 어떻게 소비되고 있는가〉에서 보고하고 있는 '인문 경영'을 참조.

2   M. 푸코, 홍성민 옮김, 〈육체의 고백〉, 《권력과 지식: 미셸 푸코와의 대담》, 나남, 1991, 235~236쪽.

3   G. 아감벤, 양창렬 옮김, 〈장치란 무엇인가?〉, 《장치란 무엇인가? 장치학을 위한 서론》, 난장, 2010, 33쪽.

4   앞의 책, 28쪽.

5   그 구체적인 사례는 이미 당신이 읽었을 수도 있겠지만, 이 책에 실린 문화의 글, 〈우리 시대 인문학은 어떻게 소비되고 있는가〉에 아주 자세하고 분명하게 기록되어 있다.

6   "사유한다는 것과 존재한다는 것이 무엇을 의미하는지 모든 사람은 알고 있다. …… 그래서 '나는 생각한다, 그러므로 존재한다.'라고 말할 때 철학자는 자신의 전제들이 포함하는 보편자, 곧 존재와 사유의 의미가 암묵적으로 이해되어 있다고 가정할 수 있다." 질 들뢰즈, 김상환 옮김, 《차이와 반복》, 민음사, 2004, 291쪽.

7   G. 들뢰즈는 《차이와 반복》의 3장 '사유의 이미지'에서 데카르트의 경우 외에도 서양 철학의 역사에서 존재해온 다양한 임의적 전제들을 분석하여 제시하고 있다.

8   서동욱, 《차이와 타자》, 문학과지성사, 2000, 39~41쪽.

9   G. 들뢰즈, 앞의 책, 367~368쪽.

10 G. 들뢰즈/F. 가타리, 이진경 외 옮김, 《천의 고원》 2권, 연구공간 '너머' 자료실, 2000, 157~158쪽.

11 이진경, 《노마디즘》 2권, 휴머니스트, 2002, 359쪽.

12 G. 들뢰즈/F. 가타리, 앞의 책, 158쪽.

13 G. 들뢰즈, 신범순 옮김, 《니체, 철학의 주사위》, 인간사랑, 1996, 187쪽.

14 G. 들뢰즈, 김상환 옮김, 《차이와 반복》, 민음사, 2004, 231쪽.

15 P. 클라스트르, 변지현·이종영 옮김, 《폭력의 고고학》, 울력, 2002.

16 앞의 책, 295쪽.

17 G. 들뢰즈/F. 가타리, 앞의 책, 295~296쪽.

18 같은 책, 133쪽; 괄호 안의 내용은 인용자의 첨가다.

19   같은 책, 160쪽.

20   같은 책, 160쪽.

21   같은 책, 163쪽.

정정훈

이 진 경

횡단의 정치, 혹은 불온한 정치학

불온성의 '트랜스내셔널'을 위하여

이진경　　서울대 사회학과를 졸업했고, 같은 대학 대학원에서 〈서구의 근대적 주거공간에 관한 공간사회학적 연구〉라는 논문으로 박사 학위를 받았다. 1987년 《사회구성체론과 사회과학방법론》이란 책을 출간하면서 1980년대 한국 사회 성격 논쟁에 개입했고, 사회주의 붕괴 이후 근대성에 대한 비판적 연구를 시작하여, 《철학과 굴뚝청소부》, 《수학의 몽상》, 《근대적 시·공간의 탄생》, 《근대적 주거공간의 탄생》 등을 출간했다. 그 과정에서 함께 사유했던 '친구'들과 만났고, 그 만남 속에서 《철학의 외부》, 《노마디즘》, 《자본을 넘어선 자본》, 《미─래의 맑스주의》, 《외부, 사유의 정치학》 등의 책을 썼다. 현재 박태호라는 이름으로 서울과학기술대학교 기초교육학부에서 강의하고 있고, 연구자들의 코뮌인 노마디스트 수유너머N에서 활동하고 있다.

'횡단'이라는 말에서 사람들이 가장 쉽게 떠올리는 말은 아마도 '학제적 (interdisciplinary)'이란 말일 것 같다. 푸코적인 의미에서 '규율'과 그런 규율로 길들이는 '훈육'을 뜻하는 discipline이 학적인 '분과'를 지칭한다는 것은[1] 매우 의미심장하다. 하나의 분과에 속한다는 것, 혹은 그런 분과 안에서 사고하고 연구하고 활동한다는 것은 그 분과에서 요구하는 규율에 길드는 것을, 아니 그런 분과를 형성한 규칙과 규율을 습득하고 그것을 통해 사고와 활동을 생산하는 것을 뜻한다. 들뢰즈식의 개념을 덧붙이자면, 그것은 분과적인 코드에 '코드화'되는 것이고, 그런 분과가 할당한 영토에 '영토화'되는 것이다.[2] 이른바 '전문성'이라는 관념에 함축된 숙련된 능력이 코드화의 양상과 관련된 것이라면, '전문가'나 '전공'이라는 말에 함축된 활동 영역의 분할과 할당, 영유의 관념은 농담처럼 '나와바리'라는 말로 표시되는 영토성과 관련된 것일 터이다. 따라서 그것은 산업혁명 이후 본격화된 분업의 산물이라고만은 할 수 없다. 그것은 장인적 숙련과 그 숙련된 영역의 배타적 영유를 함축한다는 점에서 훨씬 오랜 기원을 갖고 있는 것이다. 이런 점에서 보면, 그런 디시플린(discipline)을 넘어서 만나고 사고하고 함께 활동하자는 제안을 담고 있는 '학제적'이라는 말은 이런저런 이름의 벽들에 의해 분할되어 개별적으로 할당되는 오래된 배제와 분리의 체제를 넘어설 것을 요구한다는 점에서 확립된 분과의 체제에 비해 크게 진일보한 면이 있음은 누구도 부정할 수 없을 것 같다.

1
'인터내셔널'로부터

그렇지만 그것이 또 하나의 통념이 되어 대학이나 '한국연구재단' 같은 국가기관에서조차 권장하고 요구하는 것이 지금의 상황이라면, 분과적 경계를 넘는다는 식의 관념에 대해 좀 더 치밀하게 사유하는 것이 필요한 게 아닐까? 가령 19세기 중반에 '인터내셔널(international)'은 그런 말 자체만으로도, 혹은 그 말에 담긴 일차적인 발상만으로도 국민적인 경계, 혹은 국가적인 경계를 넘어서 새로운 관계를 생각하고 구성하게 하는 데 충분했지만, 그것이 20세기 들어와 또 하나의 상식과 통념이 되어버린 이후 그 단어 자체만으로는 그런 힘을 지속하지 못하게 된 것처럼 보이기 때문이다. 이는 '인터내셔널'이라는 이름의 국제조직이 국가 간의 전쟁에 당면하여 국가를 가로지르는 연대를 포기하고 자국 정부의 전쟁을 지지하게 되었던 역사를 상기하는 것으로 충분할 것이다. 이 경우 인터내셔널이란 내셔널하지 않은 것을, 혹은 내셔널한 것 '사이(inter)'에 있는 것을 내셔널한 것으로 포섭하고 영유하는 것에 지나지 않는다. 즉, 그것은 내셔널한 것이 작동하는 양상의 유연성을 뜻하는 것에 지나지 않는 것이다. 국가적 사고를 가로지르는 근본적인 불온성을 상실한 채, 반대로 그런 불온한 사고를 국가적 사고로 포섭하는 유연한 개념적 장치로 변환된 것이다.

우리는 이런 양상이 '내셔널'이란 단어마저 '지구' 저편으로 사라져 보이지 않는 '전지구화(globalization)'의 시대에, 전지구화가 일상적으로 운위되는 상황에서도 마찬가지로 반복되고 있음을 잘 알고 있다. 따라서 '학제적'이라는 말이 수많은 창조적 활동이 이미 기존의 디시플린의 바깥, 혹은 그것들 사이로 빠져나가 버린 상황에서 그것들을 디시플린의 체제로 포섭하여 재영토화하고 디시플린을 재코드화하기 위한 '유연화 전략'은 아닌가 하고 의심하는 것은 충분히 이유가 있다고 할 것이다. 그것은 국지적인 것, 부분적인 것을 하나의 포괄성(globality) 속에 포섭하기 위한 전술의 이름이 아닌지 의심해 볼 이유가 있을 것이다.

'인터내셔널'은, 그것이 보여준 사태의 극단적 명료함으로 인해, 이 문제를 다루는 데 중요한 참조점을 제공하는 것 같다. 국가 간 전쟁 앞에서 국가를 넘어선 연대를 포기하고 국민으로 되돌아간 인터내셔널, 거기에서 '인터(inter)'란 이미 신문의 '국제 면'이나 '국제적 사건', 혹은 '국제연합' 같은 말이 보여주듯이, **국가들** 사이에서 진행되는 어떤 것을 뜻한다. 그것은 내셔널이라는 관념 자체를 전제한 위에서, 그러한 내셔널한 것들 간의 관계를, 심지어 내셔널한 이익을 위해서 다른 내셔널한 것과 관계를 맺는 것을 뜻한다. 여기서 '인터'란 내셔널에 종속되고 그것으로 귀속된다.

그러나 마르크스와 그의 동료들이 '인터내셔널'을 창립했을 때, 그것은 국가의 체제나 경계를 벗어난 인터의 영역에서 프롤레타리아들이 만나고 연대하는 것을 뜻하는 것이었을 게다. 이 경우 인터내셔널이란 주어진 한 나라의 바깥에 있는 다른 나라를 뜻하는 게 아니라, 국가들의 **사이**, 다시 말해 국가를 벗어난 영역, 국가적 체제가 작동하지 않는 영역을 뜻하는 것이었다고 해야 할 것이다. 그것은 **국가적 체제의 외부**를 창안하는 개념이었다. 이 경우 인터내셔널은 그 '인터'라고 명명된 새로운 영역으로 내셔널한 것이 소멸되는 것, 혹은 적어도 내셔널한 것이 종속되는 것을 뜻한다. 다시 말해서, 기존의 내셔널의 경계나 내셔널한 동일성(identity)이 '인터'라고 명명되는 새로운 만남을 통해서 소멸하거나 변환되는 것을 뜻한다. '인터내셔널'이라는 말 자체만으로도 혁명적 전복성을, 그 불온한 혁명성을 그려내기에 충분했던 것은 아마도 이 때문이었을 것이다.

반면 국가적 동일성을 깨며 횡단하는 이러한 전복적 불온성이 사라진다면, 인터내셔널은 내셔널한 이익을 위해 '인터'를

이진경

이용하는 것을, 혹은 그런 내셔널한 이익이 충돌하고 다투는 장을 뜻하는 것이 되고 만다는 것을 '제2인터내셔널'은 매우 극적으로 보여준 바 있다. 이런 사실을 염두에 둔다면, 내셔널한 것의 변용을 함축하지 않고 다만 그것들의 만남이나 교차를 지칭하는 것이 되어버린 '인터'라는 말을, 내셔널한 것의 변환 없이는 그것들의 만남이란 없음을 뜻하는 '트랜스'로 바꾸는 것이 애초에 인터내셔널을 만들었던 사람들의 구상에 더 부합하는 것 같다. 트랜스내셔널(transnational), 그것은 내셔널한 것을 변환시키는 만남이고, 내셔널한 경계를 가로질러 그것을 와해시키는 사건의 장이며, 내셔널한 동일성(정체성)이 뒤섞이면서 소멸되는 관계의 방식을 뜻한다. 경계를 넘는다(trans), 경계를 가로지른다(trans)는 것은 경계를 변환시키는 것을 뜻할 뿐 아니라, 가로지르는 요인—개인이든, 조직이든, 계급이든, 아니면 이론이나 사유든—자신의 변환을, 어떤 만남을 통해 자신을 넘어서려는 변환의 성분을 가동시키는 것을 뜻한다. 횡단이란 자기를 떠나는 것, '나'라고 불리게 하던 어떤 것의 소멸 내지 죽음, 블랑쇼라면 '비인칭적 죽음'이라고 불렀을 이런 죽음을[3] 함축한다.

따라서 트랜스내셔널은 국가라는 '대등한' 차원의 단위 간에 형성되는 어떤 관계가 아니며, 트랜스를 의미하는 횡단은 계급 대 계급, 당 대 당, 인간 대 인간 같은 '대등한' 차원의 존재자 간의 만남이나 관계가 아니다. 트랜스내셔널은 국경을 넘어서 국가와 이주 노동자, 계급과 여성 조직, 정당과 학생, 인간과 도롱뇽이 만나서 형성하는 새로운 관계처럼, 어떤 척도에 의해 비교되는 대등한 위상을 가로질러 만나는 것이다. 트랜스디시플린 또한 생물학과 사회학 같은 '대등한' 분과의 지식만이 아니라, 생물학과 이주 노동자가, 인류학과 사회운동처럼 아주 이질적인 위상의 활동과 사유가 만나는 것이고, 그런 만남을 통해 주어진 척도에 의해 비교 가능한 층위로 구별되어 배열된 경계의 체계 자체를 가로지르는 것이다.

이런 식의 만남을, 그 만남을 통해 형성되는 어떤 것을 '횡단'이라는 개념으로 일반화하여 정의할 수 있다면, 횡단은 무엇보다 이처럼 이질적인 것, 뜻하지 않은 것, 기존의 코드에 속하지 않은 것과의 만남으로 이해할 수 있을 것이다. 그것은 한마디로 말해 외부적인 어떤 것과의 만남을 뜻한다. 외부와의 만남을 통해 뜻하지 않은 새로운 무언가를 창출하는 것, 그것을 통해 사유와 활동, 혹은 삶을 분할하고 분배하는 주어진 경계의 체계를 가로지르고 변환시키는 것, 이를 '횡단'이라고 말할 수 있을 것이다. 그것은 우리로 하여금 익숙하게 안주할 수 있는 모든 것을 와해시키며 그에 길든 자들을 불안하게 만든다. 그 불안은, 하이데거가 말한 식으로 세상의 모든 의미가 사라져버리는 어떤 근본적 경험이 아니라, 자신이 익숙하게 길들어 있는 모든 것, 타인들을 길들이며 지배하게 하는 모든 것이 사라져버리는 것은 아닌가 하는 예감 같은 근심이다. 지배적인 것을 이런 불안 속으로 몰고 가는 것, 그것을 불온성이라고 정의할 수 있다면, 이러한 횡단선을 그리고 가동하는 것을 통해 불온성의 정치학을 정의할 수 있을 것이다.

그러나 놀랍게도, 지금 이런 횡단의 개념을 비난하거나 거

　　　　　　　　　　　　　　　　　　　　　이진경

부할 사람은 그리 많지 않을 것 같다. 전문가주의적 관점을 가진 사람조차 '학제적 작업의 중요성'을 말하는 지금, 이런 식으로 인터내셔널과 트랜스내셔널, 인터디시플린과 트랜스디시플린을 구별하는 것을 통해 우리 자신이 '인터'라는 말에 달라붙은 부정적 의미로부터 쉽사리 벗어날 수 있으리라고 믿는다면 그건 너무 순진한 생각일 것이다. 인터내셔널의 의미가 변전되어왔던 현실적 과정을 트랜스라는 말이 붙은 어떤 개념이 쉽게 모면할 수 있으리라는 생각처럼 비현실적인 것은 없기 때문이다. 더구나 횡단과 비슷해 보이는 관념이나 태도가 다양한 양상으로 존재하기에, 우리는 일단 그것들과의 차이에 대해, 무엇이 횡단이 아닌가를 말하는 방식으로 변별해야 한다. 역시 그것으로 충분하지 않을지 모르지만.

2
무엇이 횡단이 아닌가?

소통, 혹은 교환

'인터디시플린'과 더불어 가장 빈번하게 언급되는 단어 중 하나가 '소통(communication)'이라는 말이다. 장애물이나 벽, 혹은 '소음(bruit)'을 넘어서 서로의 의사를 전달하는 것, 그것이 흔히 말하는 소통이다. 이러한 소통의 개념은 상당히 길고 넓은 역사를 갖는다. 구조언어학을 레비스트로스에게 가르쳐주어 '구조주의'를 시작할 수 있게 해주었던 야콥슨은, '커뮤니케이션 이론'을 연구했던 자신의 부친의 영향 아래 언어와 기호의 문제를 소통이론의 관점에서 체계화했다. 코드를 배경으로 발신자와 수신자가 메시지를 교환하는 모델은 이미 언어학이나 기호학의 고전이 되었다.[4] 레비스트로스는 이러한 소통이론이 교환의 관념에 기초하고 있음을 정확하게 포착하여 일반화한다. 그에 따르면, 언어가 메시지의 교환을 통해 구성되는 인간관계라면 경제는 상품의 교환을 통해 구성되는 인간관계고, 친족관계는 여자의 교환을 통해 구성되는 인간관계라는[5] 점에서 모두 교환의 모델에 속한다. 소통은 메시지의 교환인 만큼이나 상품의 소통, 여자의 소통인 것이다. 소음과 잉여성의 대립 속에서 엔트로피와 정보의 개념을 수학적으로 정의한 섀넌의 정보이론도 이와 동일한 소통의 개념을 공유하고 있다. 사회에 관한 일반이론을 커뮤니케이션 행위이론이라는 관점에서 파악하며, 소통을 가로막는 장애를 제거한 이상적인 담론 상황을 좀 더 나은 사회의 규범적 방향이라고 주장하는 하버마스 또한[6] 인간관계에서 발생하는 (비)소통의 문제를 소음과 같은 의미를 갖는 '장애물'의 제거를 통해 이상적인 방향으로 해결할 수 있으리라고 본다는 점에서 정보이론과 유사한 믿음을 공유하고 있는 것 같다.

이런 관점에서 보면, 소통은 소음과 잉여성의 대립 속에서 발신자의 의사가 수신자에게 전달되는 것이다. 잉여성이 소음을 넘어서기에 충분하다면, 메시지는 발신자의 의사를 충분히 전달할 것이다. 따라서 유일한 문제는 소음을 극복하는 것이다. 그러나 푸코가 담론에 대한 깊이 있는 연구에서 보여준 것처럼, 메시지를 말하고 듣는 관계, 혹은 메시지가 만들어지고 해석되는 담론적인 지반 자체가 특정한 종류의 메시지만 가능하게 한다면, 다른 종류의 메시지를 처음부터 항상-이미 배제한다면, 혹은 특정한 자만이 말할 수 있는 자리를 할당받을 수 있다면, '소음'이란 담론의 장애가 아니라 그것의 본질이라고 해야 할 것이고, '소통'이란 항상-이미 가능한 것만 반복하여 전달할 뿐이라고 해야 할 것이다.[7] 이 경우 소통은 배제와 억압을 포함하는 특정한 질서의 재생산을 뜻하는 것이 된다. 약간 다른 맥락을 갖지만, 라차라토는 소통이란, 타르드가 '여론'에 대한 책에서 잘 보여주었듯이,[8] 이미 미디어를 장악한 권력에 의해 지배적인 정보와 판단을 유통시키는 현상이라는 점에서 화폐나 소비 등과 마찬가지로 푸코가 말하는 '시큐리티(security)'의 장치가 작동하는 영역을 뜻한다고 지적한다. 그가 '소통'이라는 개념과 대비하여 들뢰즈에 기원하는 '표현'이란 개념을 제안하는 것은 이런 이유에서다.[9]

또 다른 문제는 소음을 뚫고 전해진 메시지가 발신자의 의사를 있는 그대로 전달하리라는 발상 자체다. 메시지를 통해 발신자와 수신자가 '합일'에 도달하리라는 가정은 메시지는 물론 발신자와 수신자가 자신의 욕망을 정확히 알고 정확히 말할 것이며 또한 정확히 알아들을 것이라는 삼중의 '투명성의 가정'을 포함하고 있다. 그러나 결코 직접적으로는 드러나지 않는 무의식의 존재를 지적하는 것만으로도, 이런 가정이 얼마나 순진하고 무력한 것인지 이해하는 것은 쉬운 일이다. 세르는 '소통'이라는 부제를 달고 있는 책에서 소통은 신의 의

사를 전달하지만 상황에 따라 자기 멋대로 바꾸어 전달하는 헤르메스의 전언과 같은 것이라고 말한다.[10] 그렇게 바꾸어 말하는 것이 오히려 헤르메스의 힘이고 능력인 것이다. 그렇다면 우리는 투명성의 가정뿐만 아니라 그것의 가치에 대해서도 다시 생각해보아야 한다. 다른 한편 바타이유를 따라 낭시는 공동체를 유한성의 개념을 통해 정의하고자 하며, 이런 관점에서 소통이란 발신자와 수신자의 합일이 아니라 불일치라고 말한다. 그런 비합일을 통해 소통의 유한성을, 전달된 것의 외부를 받아들이는 것이라는 것이다.[11]

정확하게 이런 맥락에서 횡단은 소통과 구별된다. 횡단은 경계나 벽 같은 장애물을 넘고 가로지르지만, 그럼으로써 도달할 어떤 투명한 내용도, 획득해야 할 어떤 진정한 목표도 갖지 않는다. 또한 횡단은 소통이론이 통상 부지중에 끌어들이고 있는 교환의 관념과도 거리가 멀다. 경계를 가로질러 이루어지는 이질적인 것, 우연적인 것들의 만남과 접속도 그것을 통해 만들어지는 것도 뜻하지 않은 것이다. 전달하기 위해 들고 갈 어떤 선행적 메시지도, 교환하기 위해 가져갈 어떤 완성된 상품도 거기에는 없다. 현행적인 만남과 접속이 만들어내는 것을 통해 자신이 들고 간 것이 무엇이었는지를 아는 소급적인 규정이 있을 뿐이고, 그런 소급적 규정에 의해 현행화될 잠재적인 것들이 있을 뿐이다. 어떤 의사나 의도가 전달되는 게 아니라, '전달'되는 사건을 통해 의사가 형성되는 역설적 과정이 있는 것이다. 횡단은 따옴표 없이는 사용할 수 없는 '전달'의 현행적 사건을 뜻한다. 그것이 '전달' 이전에는 무엇

이진경

인지 알 수 없는 잠재적인 것의 다의성과 모호성에 현행적인 규정성을 부여한다. '동일한' 것조차 무엇과 만나고 접속하는지, 어떤 횡단선을 그리는지에 따라 다른 것이었던 게 된다.

유비, 혹은 대응

유비적인 대응은 경계를 넘는 만남이라는 이유로 횡단으로 간주되기 쉽다. 동양과 서양, 혹은 서구와 비서구의 경계를 넘어서 서로 다른 것을 비교하는 과정에서 가장 흔히 나타난다. 예를 들면, 하이데거의 개념들과 유식불교나 화엄학의 개념들 간에 유사한 개념들을 찾아 대응시키는 것[12], 《주역》에서의 음양의 사유와 라이프니츠의 철학 간에 대응성을 찾아내는 것 등이 그런 경우일 것이다. 물론 아주 멀리 떨어져 있는 것을 가로지르기 위해서는 유비적인 사유를 피하긴 어려우며, 유비를 통해 접근의 경로를 찾는 것을 무용하다고 할 순 없을 것이다. 그러나 유비적인 비교가 필요하고 유용한 것은 양자 사이에서 사유하기 시작할 때, 그런 사유가 자신의 길을 찾는 출발점에서일 것이다. 그것이 결론이, 즉 도달점이 되어서는, 아무리 그것이 진실이라고 해도, 서로가 같은 것을 갖고 있음을 확인하는 것을 넘어서기 어렵다. 아마도 그것은 비교와 대응을 통해서 양자를 겹쳐놓음으로써 어느 하나의 권위나 위광을 다른 하나에 부여하는 것을 암묵적으로 지향하는 것인지도 모른다.

그러나 그것은 경계를 가로지르는 만남을 통해 양자 모두와 다른 제3의 어떤 것이 생성되는 횡단과 달리, 양자를 하나로 동일화하는 것으로 귀착된다. 유비가 유효한 것은 서로 대응되는 비슷한 출발점을 통해서 양자가 각각 어떻게 자신의 사유의 특이성을 구성하는지, 그리하여 어느 하나가 보지 못한 것을 다른 것은 어떻게 볼 수 있게 해주는지를 드러내는 한에서 일 텐데, 이처럼 결론으로 얻어낸 동일한 대응의 체계는 하나가 없어도 다른 하나로 대신할 수 있는, 즉 다른 하나란 없어도 되는 것임을 보여주는 것으로 귀착된다.

이러한 유비적 대응을 넘어서 경계를 가로지르기 위해서는, 그리하여 전혀 이질적인 개념이나 사유가 접속하여 작동하게 하기 위해서는, 특정한 개념이나 명제의 차원을 넘어서 양자를 가로지를 수 있는 '추상기계'를 가동시켜야 한다.[13] 특정한 사유의 지층이나 배치, 동서양을 구별해주는 지층이나 배치로부터 탈영토화되어 양자를 하나의 평면에서 다룰 수 있게 될 때, 그 평면에서 아주 다른 기원과 의미를 갖는 개념들을 새로운 방식으로 종합할 수 있는 추상적인 신시사이저(synthesizer, 종합기!)가 가동될 수 있을 때, 우리는 특정한 지층을 넘나들면서 연결하고 분리하며 새로운 의미로 작동하게 할 수 있을 것이다.

충분히 탈영토화되지 않은 채 상이한 지층에 속하는 것 사이에 유비적인 대응이 출현하는 것은 동서양의 경계에서만은 아니다. 그것은 상이한 영역 사이에서도 빈번하게 출현한다. 한 영역에서의 작업을 다른 영역에서 유비적인 방식으로 가동시킬 때가 그런 경우일 것이다. 예를 들면 크세나키스가 르코르뷔지에와 함께 1958년 브뤼셀 박람회의 필립스 관을 지으면

이진경

서, 그에 상응하는 음악을 작곡한 방식은 이런 경우에 속한다. 그는 상이한 각도로 기운 사선의 창틀을 대 만든 곡면의 유리 벽과 비슷하게, 상이한 각도로 기운 사선으로 악보에 그려진 현악기의 글리산도들을 통해 〈메타스타시스(Metastasis)〉라는 곡을 만든다. 그는 이 곡이 필립스 관이라는 건축물의 음악적 표현이라고 생각하겠지만, 양자를 연결해주는 것은 상이한 각도로 기운 사선들의 그림일 뿐이다. 사선의 표상을 통해 건축물의 형태와 음악적 소리가 대응할 수 있을 것이라는 생각은 매우 순진하고 소박한 것이다. 동시에 이 곡은 그런 대응의 불가능성을 또한 보여준다. 하나의 작품을 단지 현악기의 글리산도만으로 채울 수는 없기 때문에, 다시 말해 음악적 구성의 고유한 필요로 인해 그는 사선으로 기운 유리벽을 깨는 타악기 소리를 여기저기 끼워 넣는다. 이는 음악적인 필요가 건축물의 표상을 깨는 것을 보여주며, 이런 점에서 음악과 건축의 대응이 음악적 구성의 논리에 의해 와해되는 지점을 드러내준다. 건축이나 회화 같은 시각예술이 음악이라는 청각예술과 만나기 위해서는, 이런 형태적이거나 표상적인 대응이 아니라 리듬이라는 공동의 추상성을 통해, 하나의 추상기계에 의해 양자를 관통할 수 있게 될 때에만 가능하다. 크세나키스가 유체역학의 양상을 표현하는 방정식을 통해 소리들의 흐름을 조직하기 시작했을 때(이른바 '추계적 음악'), 그는 이전과 다른 차원에서 음악과 그 외부를 넘나들 수 있게 된다.[14]

유비적인 사유가 반드시 존재하는 것 사이에 대응성을 찾는 것만은 아니다. 역으로 왜 여기에는 있는 것이 저기에는 없는

가 하는 방식으로 질문을 던지기도 한다. 이는 존재하는 것과 부재하는 것의 유비적 대응을 통해 하나와 다른 하나를 비교한다는 점에서, 앞에서 말한 유비적 대응의 방법과 대칭적인 것이다. 대표적인 사례는 서구에는 근대과학이 출현했지만 비서구에는 그것이 없었는가를 묻는 것이다.[15] 혹은 자본주의가 왜 서구에만 출현했는가 하는 베버의 질문 또한 이와 다르지 않다. 이런 질문에 전제가 되어 있는 비서구의 후진성, 비서구의 비과학성에 대한 관념을 반박하기 위해 '그런 것이 있었다'고 대답하는 수많은 시도들은 그런 질문을 공유한다. 이는 서구적 과학이나 근대, 혹은 자본주의적 요소의 대응물을 비서구의 역사에서 찾아내려는 유비적 대응의 시도로 이어진다. 중국에도 과학이 있었음을 증명하려는 니덤의 시도나[16] 한국에도 자본주의의 맹아가 있었음을 증명하려는 유명한 시도[17], 혹은 한국에도 근대적 사상('실학')이 있었음을 증명하려는 시도는 아주 잘 알려진 사례들이다. 이러한 노력의 결과는 비서구에도 서구적인 것임을 증명하여 비서구를 서구의 아종으로 만드는 것이고, 냉정하게 말하면 '뒤처진 서구'로 만드는 것이 아니었을까?

적용

유비가 상이한 지층, 상이한 영역 간에 대응되는 요소들을 찾아내는 것이라면 어떤 이론이나 사상을 상이한 지층에 대응시키거나 포개는 방법이 있다. 하나의 영역에서 나온 일반이론을 다른 영역에 '적용' 내지 '응용'하는 방법이다. 앞서 언급한 자본주의 맹아론의 경우, 자본주의를 포함한 역사이론을 모든 세계에 '적용'하려는 시도였다는 점에서 이런 방법에 속하기도 한다. 소련에서 정식화된 이른바 '사적 유물론'이 사회구성체의 역사를 단일한 법칙 내지 이론적 개념들을 적용하는 방식으로 이질적 사회들의 경계를 넘나들었다면, 인간의 욕망에 대한 이론을 통해서 다양한 문화적 현상의 영토를 넘나들며 적용의 방법을 사용한 것은 정신분석학이었다. 정신분석학은 기다란 것이나 뾰족한 것이라면 어떤 것에서든 남근을 보며, 파인 것이나 움푹 들어간 것, 구멍 난 것에서는 여성의 성기를 본다. 모든 욕망은 성욕이 치환된 것이고, 모든 욕망의 대상은 어머니가 치환된 것, 혹은 어머니의 욕망의 대상인 남근의 대체물이다.

초현실주의자 달리는 욕망의 덩어리에 구멍을 뚫고 그 자리에 '우리 엄마(ma mère)'라고 적어놓으며, 그 욕망의 덩어리가 남근을 향하고 있음을 명시적으로 그린다. 그는 또 프로이트의 '응축'이라는 개념을 적용하여 두 가지 상이한 이미지가 응축된 그림을 그린다. 마그리트도 촛불과 달걀로 대체된 남근을 그리거나 여성의 누드와 얼굴을 포갠 그림을 그려서 프로이트의 개념을 회화에 적용한다. 델보의 그림을 프로이트 개념을 적용해서 해석하는 것은 그리 어려운 일이 아니다. 초현실주의자들은 많은 경우 프로이트의 개념을 이런 식으로 적용하여 회화로 바꾸어놓았다. 프로이트가 초현실주의자들로 하여금 사드나 보스, 브뤼헐 같은 사람들을 새로이 시야에 들어오게 만든 것은 사실이라고 해도, 초현실주의자들의 작품 가운데 정신분석학의 적용에 머문 것이 적지 않다는 것은 부정할 수 없는 사실인 것 같다.

이런 점에서 다다이즘은 초현실주의와 실제로는 겹치는 면이 많지만, 근본적으로 다른 것처럼 보인다. 가령 '다다'라는 말이 다양한 나라에서 상이한 종류의 사람들을 하나로 묶어주고 연결해줄 수 있었던 것은 '다다(dada)'라는 말이 그 자체로 어디에 적용할 아무런 의미를 갖지 않았으며 나라마다 다른 의미를 가졌다는 점에 기인한다. 차라는 〈다다 선언〉(1918년)에서 다음과 같이 쓰고 있다.

다다는 아무것도 의미하지 않는다. …… 신문 기사를 보면 크루족이라는 아프리카 흑인 종족은 자신들이 신성하게 여기는 소의 꼬리를 '다다'라고 부른다. 이탈리아의 일부 지방에서는 정육면체나 어머니를 '다다'라고 부른다. 장난감 목마나 보모를 부르는 단어도 '다다'이고, 러시아어와 루마니아어로 이중긍정을 할 때도 역시 '다다'라고 한다.[18]

실제로 다다이스트들에게는 '적용'할 어떤 이론도 없었고, 그것이 하나로 묶기 힘든 아주 이질적인 것을 하나로 연결하는 횡단을 가능하게 해주었다. 초현실주의자들 역시 뜻밖의 것을 결합함으로써 익숙한 것을 낯설게 만드는 시도를 했지만, 이러한 결합에 정신분석학의 이론이 '적용'되는 양상으로 이용되는 경우 그것의 횡단성 계수는 생각보다 크지 않았던 것 같다.

이진경

통섭, 혹은 통합과 포섭

소통이나 유비, 적용의 방법과 횡단의 차이가 베르그손식 어법으로 말해 '정도의 차이'라고 할 수도 있을 것이다. 반면 횡단과는 명확하게 '본성의 차이'를 갖는 것임에도 불구하고[19] 횡단 같은 것으로 오해되는 것은 환원을 통한 통합의 방법이다. 최근 몇몇 사람들에 의해 적극적으로 받아들여지면서 '유행'하는 느낌마저 주는 '통섭'이라는 개념이 바로 그런 경우다. 적지 않은 사람들이 이를 학제적인 결합이나 횡단적인 접속을 뜻하는 것으로 간주하는 것 같은데, 이는 《통섭》이란 책을 '읽고서' 얻은 개념이라기보다는 그 책 없이 단지 '통섭'이란 단어의 언어적 뉘앙스에서 얻은 인상이나 표상인 것 같다. 아마도 그러한 인상의 원천은 전문적인 분과별로 분할되어 서로 알아듣지 못하고 소통하지 못하는 상황에 대한 비판 속에서 지금을 "종합이 요구되는 시대"라고[20] 말하면서 분과적 분할을 넘어설 것을 주장한다는 점에 있는 것 같다. 하지만 통섭이란 말을 제안하면서 윌슨이 명시적으로 말하듯이 '통섭(consilience)'이란 설명의 공통 기반을 통해 상이한 분야를 가로지르는 사실이나 이론을 하나로 '통합'하는 것이다.[21] 이런 통합을 가능하게 하는 '공통 기반'이란 "여러 수준을 관통하는 인과적 설명망"이다. 이것이 없으면 "통합이란 되지 않은 이야기에 불과"하며, "진정한 과학이론의 본질을 결여하고 있는" 것이다.[22] 이런 공통의 기반, 인과적 법칙은 번역자가 말하고 있듯이 환원론적 방법이[23], 그런 과학이 제공한다. "통섭을 입증하거나 반박하는 일은 자연과학에서 개발된 방법을 통해서만 가능하다."[24] 물론 통섭의 가능성에 대한 믿음은 아직 과학이 아니지만, 그것을 지지해주는 것은 "자연과학이 지금까지 지속적으로 성공해왔다는 사실밖에는 없다."[25] 그가 "철학을 과학으로 최대한 빨리 전환시키는 것"을 '우리의 공통 목표' 중 하나라고 말하는 것은 이런 이유에서일 것이다.

결국 모든 것을 지금까지 지속적으로 성공해온 자연과학을 기반으로 통합할 것을 주장하는 이런 통섭의 관념은, 환원론적 방법을 통해 모든 지식을 하나로 통합하려는 오래된 형이상학적 태도를 순박할 정도로 솔직하게 드러내 보여준다. 이는 환원론적 방법에 의해 가장 기본적인 요소('원자적인' 요소)에 의해 하나의 단일한 지식의 체계로 만들려는 아주 오래된 꿈을 반복해서 보여준다. 18세기에 프랑스 계몽주의자들이 백과사전을 만들고자 했을 때, 그것은 모든 지식을 하나의 체계 안에 정렬함으로써 모든 것에 대한 통합된 지식의 체계를 만들려는 것이었다. 이는 사실 17세기에 모든 것을 수학적 지식의 체계 안에 정렬하여 체계화하고자 했던 '보편수학(mathesis universalis)'의 소박한 꿈을[26] 반복하고 있는 것이다.

여기서 각각의 지식은 인과적인 설명망이 할당하는 위계화된 체계 안에서 자신의 자리를 지켜야 하며, 거기서 이탈해서는 안 된다. 그것은 지식의 체계 전체를 부정하는 것이며, '과학'이라는 그간의 성공으로 인해 믿어주어야 하는 든든한 지반을 위협하는 것이다. 따라서 이는 횡단이 아니라 자연과학이라는 하나의 인과적 지식 아래, 다른 모든 지식을 통합하려는 것이고, '공통 설명의 인과성'이 분배해주는 자리에 스스로

이진경

를 고정할 것을 요구하는 것이다.[■] 지금의 체계화된 과학의 분과적 체계가 사실 이렇지 않은가? 통섭은 그런 체계를 자연과학에서 다른 영역으로 확장하자는 제안이고, 자연과학 안에 다른 지식을 포섭하려는 기획이다. 다만 분과적 지식이 자기 분과 안에만 있지 말고 이웃한 분과, 근본에 자리 잡고 있는 과학에 대해 알고, 그것을 통해 자신을 근거 짓고 설명할 것을 요구하는 것일 뿐이다. 이는 묵시적이지만 현재의 분과적 체계에 없다고는 할 수 없는 것이고, 따라서 윌슨의 주장이 전통의 힘을 믿는 보수적 과학자들을 곤혹스럽게 할 이유는 전혀 없는 것 같다.

따라서 통섭이란 관념만큼 횡단에서 거리가 먼 것은 없는 것 같다. 통섭은 횡단과 반대로 하나의 체계 안에 지식들을 '통합'하고 '포섭'하려는 제국주의적 전략이라고 해야 할 듯하다. 그것은 이른바 '학제적 연구'보다도 훨씬 낡은 관념이지만, 그것이 종종 학제적 연구 체계의 구성으로 오해된다는 사실은, 학제적 연구 또한 통섭처럼 통합과 포섭의 메커니즘을 내장하고 있는 건 아닌가 하고 의심하게 한다. 이와 달리 횡단은 하나의 지식을 다른 지식과 통합하여 단일한 체계를 부여하려는 발상을 가로지르는 것이고, 이런저런 지식들을 근거 짓는 것과 근거 지워지는 것, 근본적인 것과 부차적인 것, 일차적인 것과 이차적인 것의 위계적 지위를 부여하려는 발상

■ 랑시에르의 개념을 써서 말하면, 이는 정치(la politique)가 아니라 치안(la police)의 영역에, 혹은 권력의 '통치'에 속하는 것이다.

전체를 전복하는 것이며, 주어진 자리를 지키는 것과 반대로 거기서 이탈하여 엉뚱한 만남의 장소를 창안하는 것이다. 그 것은 지금까지의 성공을 이유로 자신의 형이상학적 믿음을 믿고 지원해달라고 요청하는 것이 아니라, 성공에 가려 보이지 않는 것을 드러내는 것이며, 실패를 통해 주어진 것을 근본에서 다시 사유하는 것이다.

3
욕망과 횡단

무엇이 횡단이 아닌지를 보여주는 몇 개의 예를 통해, 가장 간단한 수준에서 정의된 횡단이라는 말의 의미를 좀 더 뚜렷하게 할 수는 있겠지만, 이런 한에서 횡단의 개념은 부정적인 수준에서 벗어날 수 없을 것이다. 정말 중요한 것은 횡단을 하나의 개념으로서 긍정적으로 정의하는 것이고, 그것이 작동하는 지점과 양상을 좀 더 구체적으로 드러내는 것일 게다. 이를 위해 먼저 횡단 내지 횡단성을 개념으로서 제안했던 가타리의 입론을 간단히 검토하는 것으로 시작하는 것이 좋을 것 같다.

가타리는 정신분석학의 개념을 정치화하고자 하며, 동시에 정치의 문제를 무의식의 차원과 결부하여 다루고자 한다. 그러나 이는 정신분석학을 사회정치적 현상에 '적용'하는 것이 아니라, '욕망'이라는 추상적 개념, 혹은 '욕망하는 기계'라는 추상기계를 통해 정치를 규정하는 여러 문제를 다루는 것이

이진경

다. 이와 관련해 그가 무엇보다 주목하는 것은 '집단의 문제'다. 집단이란 욕망의 흐름이 투여되는 사회정치적 장을 구성하기 때문이다. 이 책에서 가타리의 중요한 관심사는 '주체 집단'과 '예속 집단'이라는 개념으로 요약된다. 예속 집단은 대개는 위계적인 상부를 이루는 다른 집단에 대해서 예속적일뿐 아니라, 주어진 것을 받아들여 수행할 뿐이라는 점에서 내부적으로도 예속적인 집단이다. 반면 주체 집단은 예속 집단을 규정하는 수직적인 위계와 수평적인 분할의 벽들을 가로지르며 자신의 욕망을 가동시킨다는 점에서 주체적이다.

횡단성이 정의되는 것은 바로 이 지점이다. 수직적인 벽과 수평적인 벽을 가로질러 욕망의 투여 양상을 형성하는 것, 그것이 횡단성이다.[27] 그러나 어떤 집단도 모든 벽을 부수지는 않으며, 어떤 집단도 그저 주어진 것만 수행할 정도로 벽에 갇혀 있지는 않다. 즉, 수직적인 위계나 수평적인 벽을 넘어서 창조적인 욕망의 투여 양상을 창안하려는 힘은 집단마다, 혹은 욕망마다 다른 강도를 갖는다. 이 강도를 가타리는 '횡단성 계수'라고 정의한다. 주체 집단과 예속 집단이 별도의 분리된 대상이 아니라, 하나의 동일한 집단이 때로는 주체 집단이 되기도 하고 그 반대가 되기도 한다는 점에서 양자는 모든 집단이 갖고 있는 두 개의 측면임을 안다면, 횡단성 계수란 모든 집단이 그때마다 주체 집단화되는 정도를 뜻한다고 할 것이다.

이는 좀 더 포괄적인 집단 안에서 어떤 집단의 행동 양상을 뜻할 뿐 아니라, 집단 안에서 개인들의 행동 양상이나 욕망의 작동 양상과 결부되어 있다. 주어진 역할의 체계나 규범들을

받아들이는 강도가 클수록 개인들이 기존의 벽을 돌파하는 창
조적 절단의 능력은 축소될 수밖에 없기 때문이다. 때로 그것
은 조직이 부여한 자신의 위상과 임무를 확신하는 적극적인
형태를 취하기도 하고, 때로 그것은 "해본들 되겠어."라는 무
력한 거세의 형태를 취하기도 한다. 그것이 개인의 욕망의 투
여 양상을 규정한다는 점에서 횡단성은 '초자아'라는 규범 내
지 지위와 역할의 체계 속에서 작동하는 욕망의 '구조'와 관련
된 개념이다. '횡단성의 구조'를 "초자아를 수용하는 좌표계의
수정", 혹은 "주어진 사회질서에 고유한 거세 콤플렉스의 문
턱"과 관련지어 말하는 것은[28] 이런 이유에서다. 따라서 이 개
념은 프로이트에게 '전이'가 환자가 정신분석가에게 욕망을
말하고 '드러내는' 과정에서 발생하듯이, 집단 안에서 자신의
욕망을 말하고 드러내는 것과 관련된 것이다. 따라서 이 개념
은 집단 안에서의 전이, 혹은 '제도적 전이'에 대한 문제의식
의 연장선상에 있다.[29] 그가 기표나 언표 행위에 대해, 혹은
'대화'나 '소통'에 대해 반복해서 언급하는 것은 이런 맥락에
서일 것이다.

횡단성은 순수한 수직성의 장애와 단순한 수평성의 장애 양자를 극복하고자 하는
차원이다. 횡단성은 상이한 수준들 사이에서, 그리고 무엇보다 상이한 방향 속에
서 최대한의 소통이 이루어질 때 획득되는 경향이 있다.[30]
제도 속에서 횡단성 수준이 공고화되면, 새로운 종류의 대화를 집단 속에서 해 나
갈 수 있다. 즉, 지금까지 환자를 격리하고 고독하게 놓아두었던 망상과 다른 모든
무의식적 표명은 집단적 표현 양식을 획득할 수 있다. 내가 앞서 말했던 초자아의

수정은 사회구조가 단지 의례적인 의미에서만 작동해온 지점에서 특정한 언표 행위의 모델이 〔새로이〕 출현할 수 있는 바로 그 순간에 발생한다.[31]

　　이처럼 새로운 언표 행위의 배치가 출현할 때, 기존의 수평적이고 수직적인 장애들을 침범하고 가로지르는 횡단이 발생한다. 그래서 가타리는 후일 68년 혁명의 경험에 대한 토론에서 자신이 횡단성 개념을 통해 제기하려고 했던 것을 소유의 개념이나 인간의 개념 같은 당연시된 가치나, 소르본이나 CGT(프랑스 노동총동맹) 같은 존경할 만한 대상을 공격하는 '침범'이었다고 말한다.[32] 침범의 개념과 더불어 또 하나 주목할 것은 가타리가 횡단성 개념을 '가시성'과 관련하여 말하는 부분이다. 그는 말의 눈가리개의 조절을 들어 '횡단성 계수'를 설명한다. 눈가리개가 열림에 따라 맹목성에서 벗어나 조화로운 순환이 이루어지리라는 것이다. 혹은 서로의 체온의 당기는 힘과 가시의 밀쳐내는 힘의 관계 속에서 적절한 거리를 취하는 고슴도치의 예를 들어 촉각적인 방식으로 정의하기도 한다.[33]

　　가타리의 횡단성 개념에서 강조하고 싶은 것은, 그것이 무엇보다 횡단의 문제를 정치적인 차원에서 정의하고 있다는 점, 그리고 욕망의 투여와 관련하여 정의하고 있다는 점이다. 이는 단지 통상적인 대비에 따라 말한다면, 횡단성의 문제가 집단의 정치적 성격에 대한 개념을 넘어서 개인의 욕망과도 관련된 것임을 생각하게 해준다. 또한 경계나 구획이란 욕망을 길들이는 문턱이라는 점에서 권력의 문제임을 보게 해줌으로써, 횡단의 문제가 이중적인 의미에서 정치적인 문제임을 명확하게 드러내준다. 더불어 그것이 욕망을 말할 수 있게/없게 하는 집단적 조건, 다시 말해 언표 행위의 집합적 배치와 관련된 것임을 지적한 것 역시 횡단 개념을 구체적으로 다루는 데 매우 중요한 요소다. 횡단이란 주어진 것들, 자신이 존중하고자 했던 수직과 수평의 벽으로 직조된 가치와 자리의 좌표계를 '침범'하여 다른 종류의 배치로, 다른 욕망의 배치, 다른 언표 행위의 배치로 바꾸어버리는 것이다. 따라서 횡단은 단지 어떤 경계를 넘는 이동이 아니라, 그러한 경계를 가동시키는 배치, 혹은 지반('좌표계')을 변환하는 '침범'이다.

그러나 '횡단성 계수'를 소통을 가로막는 장애의 정도와 관련하여 정의할 때, 혹은 눈가리개의 열린 정도를 조절하는 문제라고 말할 때, 벽이나 장애는, 정보이론이나 소통이론에서 흔히 말하는 것처럼, 소통을 가로막는 '소음' 같은 것이 되고 마는 게 아닐까? 이 경우 횡단은 눈가리개를 좀 더 열거나 닫거나 하는 조절의 문제가 되고, 소통과 장애는 맹목과 완전한 열림의 두 극단 사이에서 서로 반비례하는 연속적인 어떤 양(量)으로 귀착되고 마는 것 같다. 또한 그런 소통이나 대화, 혹은 욕망의 투여를 가로막는 장애를 수평적 및 수직적인 벽과 같은 것이라고 말함으로써 눈가리개를 닫았기에 보이지 않는, 따라서 여는 만큼 보일 수 있는 어떤 것으로 생각하게 하는 것 같다. 가려져 보이지 않는 것은, 가린 것을 제거하면 보일 것임을 함축한다는 점에서 사실은 가시성의 영역에 이미 들어와 있는 것을 뜻하기 때문이다.

그러나 눈을 가려 보이지 않는 것도 있지만, 눈을 뜨고 보아

　　　　　　　　　　　　　　　　　　　　　　　　　이진경

도 보이지 않는 것, 눈가리개를 떼어내도 보이지 않는 것이 있는 게 아닐까? 가시성의 영역에 들어와 있지 않기에, 가리지 않아도 보이지 않는 것, 그래서 가릴 필요도 없게 된 것이 있는 게 아닐까? 우리가 무엇을 보지 못하는 것은 많은 경우 이런 게 아닐까? 가시에 찔리는 고통 때문에 피하거나 거리를 두는 경우도 있지만, 아무런 고통도 느껴지지 않기에 있어도 있다고 느끼지 못하고, 따라서 있어도 다가갈 수 없는 것이 있는 게 아닐까? 그렇다면 '횡단의 정치학'은 금지와 위반의 고통을 감수하며 침범하는 것뿐 아니라, 느낄 수 없는 것을 느끼게 하고 보이지 않는 것을 보이게 하는 실천을 사유할 수 있어야 하지 않을까? 가시적인 것과 비가시적인 것, 지각 가능한 것과 지각되지 않는 것 사이의 경계를 가로지를 수 있어야 하지 않을까? 우리가 가타리의 횡단성 개념에 멈출 수 없는 것은 이런 이유에서다. 우리는 좀 더 밀고 나가야 한다.

4
분할의 경계와 횡단

횡단의 문제는 뒤집어 말하면 가시적인 것과 비가시적인 것, 말할 수 있는 것과 말할 수 없는 것을 가르는 분할의 문제기도 하다. 그것은 그런 체계화된 분할을 통해 작동하는 권력의 문제다. 예컨대 의학의 역사에 대한 연구를 통해 가시적인 것과 비가시적인 것의 분할이 역사적으로 달라짐을 지적하면서, 푸코는 19세기에 이르면서 질병을 정의하는 방식이나 치료하는 방식, 질병을 설명하는 방식상에 커다란 단절이 발생했음을 주목한다. 그럼으로써 예전에는 질병으로 간주되지 않던 것이 질병으로 간주되고, 그 반대의 경우도 나타난다. "의학상에 나타난 돌연한 태도 변화는 '보이는 것'과 '보이지 않는 것'을 나누던 지식의 경계가 변화했다는 데 기인하며, 그리하여 지금까지는 의학적 지식의 영역으로 포섭되지 못하던 대상들이 의사들의 시선과 언어에 포착되기에 이른 것이라고 말하는 것이 올바른 해석일 것이다."[34]

이러한 변화는 질병과 환자에 대한 의학적 시선 자체의 변화를 포함하는 것이었다. 가령 19세기 이전에 질병은 체액들의 순환이나 균형에서 발생한 이상이라는 것이 의학에서 지배적인 관념이었다. 그러나 병의 원인은 단지 어떤 하나의 요인이라고 보지 않았다. 개인의 체액에 존재하는 체질이나 기후, 공기 등과 결부된 '질병 소인'과 대기 중에 떠다니는 유독가스, 주기적인 정신적 불안이나 지나치게 방탕한 생활 등 다양한 요인들의 결합으로 병이 발생한다고 보았다. 이 경우 병을 진단한다는 것은 그 병이 야기된 여러 가지 조건의 복합체를 본다는 것이고, 시선은 그 환자의 개별성을 향하게 된다. 환자가 의학적 시선의 일차적 대상이었던 것이다.

반면 19세기의 임상의학은 "가시적으로 드러나는 유기체의 질병이나 병리학적 형태 속에서 일정한 규칙성을 갖는 것에만 눈을 돌리기 시작했다. 그리하여 질병의 고통은 인간의 육체 위에서 정확하게 분절되기에 이르고, 질병의 배치 또한 처음

이진경

부터 엄밀한 해부학의 수술대 위에서 결정되기 시작한다."[35] 여기에서 중요한 것은 환자의 개인적인 특성이나 이런저런 요인들이 뒤섞여 만들어지는 질병의 개별성 내지 특이성이 아니라, 환자들 개개인에 좌우되지 않는 객관적이고 보편적인 것으로서의 질병 자체였다. 환자가 아닌 질병이 의학적 시선의 일차적 대상이 된다. 의학은 이제 병든 신체의 연구를 위해 질병을 연구하는 게 아니라 질병 연구를 위해 환자를 연구하게 된 것이다. 가시적인 것과 비가시적인 것의 이러한 분할은 본 것과 보려는 것을 다루는 말들의 새로운 분절을 수반한다. 말할 수 있는 것과 말할 수 없는 것의 새로운 분할이 출현한다.

그런데 사실 말할 수 있는 것과 말할 수 없는 것의 분할은 서양에서 광기나 광인들이 다루어져왔던 역사 속에서 좀 더 극명하고 극적으로 드러난다. 가령 르네상스 시기에 광인들은 기이한 언행으로 인해 경원시되는 존재였지만, 동시에 평범한 사람들이 보지 못하는 세상의 어떤 비밀을 엿본 자들로 간주되었다. 따라서 그들이 말하는 것은 어떤 두려움과 불편함을 수반하는 것이었음에도 들어야 할 어떤 비밀을 담고 있는 것을 뜻했다. 가령 햄릿의 광기는 다른 사람들은 알지 못하는 곤혹스러운 어떤 비밀을 보았기 때문에 발생한 것이고, 따라서 그의 말은 세상의 진실을 알고자 한다면 귀 기울여야 할 어떤 것이었다. 그러나 17세기에 들어오면 광인들은 부랑자나 거지, 범죄자 등과 함께 갇히게 되고, 광기는 인간이라면 누구나 갖고 있는 동물성의 발현으로 간주된다. 광인의 목소리, 그것은 억누르고 제어해야 할 부정의 대상이었지만, 그렇기에 주

목해야 할 대상이었다. 광인들이 동물원의 동물처럼 전시되고 관람되었던 것은 이런 이유에서다.[36]

광인의 목소리가 모든 종류의 말할 자격을 잃고 절대적 침묵 속에 갇혀 들리지 않게 된 것은 19세기에 이르러서다. 이때 광기는 인간의 정신상에 발생한 질병으로 간주된다. 즉, 그것은 동물에 속한 것이 아니라 인간에 속한 것이 되었지만, 치료되어야 할, 다시 말해 제거되고 소멸되어야 할 질병이 된다. 광인들의 말은 그 자체로 어떤 진실을 드러내는 것이 아니라 단지 질병의 증상일 뿐이고, 따라서 아무리 크게 외쳐도 들리지 않게 된다.

광인들을 침묵 속에 유폐시켰던 이 말할 수 있는 것과 말할 수 없는 것의 분할이라는 문제는 단지 광기나 정신병리학에 국한된 것은 아니다. 그것은 다른 지식과 구별되는 자신의 고유한 대상을 선별하고 그것에 대해 말하는 방식을 규정하는 대부분의 지식에서 마찬가지로 작동하는 것이기 때문이다. 다시 말해서 모든 종류의 지식은 말할 수 있는 자와 그렇지 못한 자의 분할을 포함하고, 말할 대상을 설정하는 규칙을 가지며, 말할 수 있는 자가 그런 대상과 관계하는 방식을 규정하는 개념이나 전략을 포함한다.[37] 가령 경제학은 모든 것을 상품으로서의 '가치'로 포착하고 최소 비용으로 최대 효과를 얻는 생산성 극대화의 전략 속에서 어떤 행동이나 정책을 사유하고 정당화한다. 그러한 시선 속에서 가령 고흐나 피카소의 그림은 얼마짜리 상품인가로 포착될 뿐이며, 그 그림이 갖는 다른 가치는 보이지 않고 말해지지 않는다. 생산성을 높이기 위해서라

이진경

면 팬옵티콘 같은 건축물마저 중요한 대상이 되지만, 실업자의 생존이나 비정규직 노동자의 고통은 생산성을 저해하는 요인으로 밖에는 눈에 들어오지 않는다. 그들의 삶을 경제학 안에서 다루는 길은 가령 그들의 수요가 구매력을 가져 시장을 활성화하고 투자를 확대하게 되는 방식으로 다루어질 때뿐이다.

어떤 것은 말할 수 있고, 어떤 것은 말할 수 없다는 것은 그 자체로 특정한 양상의 권력을 함축하고 작동시킴을 뜻한다. 일본의 반빈곤운동의 중심적 인물인 유아사 마코토는 이미 오래전부터 일본에 생존의 임계점에 내몰린 빈곤이 존재해왔음에도 불구하고 빈곤이 보이지 않았음을 지적하면서 그 빈곤을 보이게 만드는 것이 반빈곤운동의 가장 중요한 과제라고 말한 적이 있다.[38] 빈곤한 자들이 보이지 않는 한, 그들은 국가의 정책적 고려에서 배제될 뿐 아니라 대중들의 자발적인 지원으로부터도 배제된다. 빈곤 자체가 모든 배려는 물론 사유나 고려의 대상이 되지 못하게 된다. 빈곤에 대해 말하려는 것도 무의미하게 되거나 무시된다. 빈곤만이 아니라 모든 것이 그럴 것이다. 가령 '공급자(건설업자)' 관점에서 문제를 보려는 이들에게는 주택 값의 조그마한 하락조차 금방 눈에 보이고 그에 대한 대책('부양책')이 금세 만들어지지만, 빈민들의 고통이나 인간 아닌 생명체들의 생명은 전혀 보이지 않기에 그 부양책으로 인해 고통이 가중되거나 생명체의 대대적 죽음이 야기되어도 별다른 문제가 되지 않는다.

말할 수 있는 것과 없는 것을 분할하고 그 경계를 실질적으로 가동시키며 '담론의 질서'를 유지하는 이런저런 테크닉들은 그 자체로 '사물의 질서'를 유지하는 테크닉이며, 개념의 질서를 유지하는 방법일 뿐 아니라 직접적인 현실의 질서를 유지하는 방법이다.[39] 그것은 질서를 유지하기 위해 작동하는 권력의 테크닉인 것이다. 역으로 이는 말할 수 있는 것과 말할 수 없는 것을 가르는 분할이 권력의 문제임을, 따라서 그것을 가로질러 말할 수 없는 자(자격 없는 자!)로 하여금 말하게 하고, 말할 수 없는 것에 대해 말할 수 있게 하는 것은 그러한 권력과 대결하는 문제임을 의미한다. 이런 것을 정치의 문제라고 하지 않는다면, 대체 정치라는 말은 무슨 의미가 있을까?

볼 수 있는 것/없는 것, 말할 수 있는 것/없는 것의 경계에서 작동하는 이러한 권력은 말할 수 있는 '자격', 혹은 말할 대상이 될 '자격'과 관련되어 있다. 원래 누구나 말할 수 있는 주체일 수 있음에도 불구하고, 사실은 어디서나 말할 수 있는 주체는 매우 희소하다. 즉, 아무나 말할 수 있는 주체가 될 수 없으며, 특정한 사람이나 특정한 자격을 갖춘 자만이 말할 수 있다. 가령 병원에서는 오직 의사나 간호사만이 말할 수 있다. 내가 어떤 환자에 대해 아무리 잘 안다고 해도, 내가 경험상 어떤 병에 대해 아무리 잘 안다고 해도, 병원이나 정신병원에서는 말할 수 있는 주체가 되지 못한다. 이런 점에서 푸코는 언표 행위의 주체, 즉 말할 수 있는 주체는 매우 희소하고 제한적이라고 말한 바 있다.[40]

어떤 것이든 해당 분야의 '전문가'가 되지 않고서는 말할 자격을 갖지 못한다. 경제정책에 관한 한 오직 경제학자만이 말할 수 있다. 구제역이나 조류독감으로 인해 '살처분'되는 동물

이진경

이 너무 처참하고 참혹하다고 해도, 그 문제에 관한 한 우리는 말할 자격이 없다. 의사나 보건학자만이 말할 수 있고, 그들이 보는 방식대로만 보고, 그들이 말하는 방식대로만 말할 수 있다. 질병이 확산되는 과정에 동물에 대한 처분이 참혹하고 잔인하다는 것은 아무런 근본적 문제가 되지 못한다.

이런 점에서 '지식―권력(savoir-pouvoir)'이라는 말로 요약되는 푸코의 권력 개념이 말할 수 있는 것과 없는 것, 볼 수 있는 것과 없는 것의 이러한 분할의 체계와 관련된 것임은 쉽게 이해할 수 있을 것이다. 덧붙이면 그가 성(性)이나 생명을 다루는 담론의 분석을 통해 도출한 '생명권력(bi-pouvoir)'이란 개념 또한 다르지 않다.[41] 이런 점에서 푸코가 새로이 제기한 권력의 개념은 볼 수 있는 것/없는 것, 말할 수 있는 것/없는 것을 분할하고 재생산하는 체제와 결부된 것이라고 말해도 좋을 것이다. 동시에 이러한 분할의 체제에 대한 분석을 통해 푸코는 그러한 분할이 역사적으로 상이하며 가변적임을 보여주고자 했고, 이로써 기존의 분할을 가로질러 보이지 않던 것을 보이게 하고, 말할 수 없는 자들로 하여금 말할 수 있게 하고자 했던 것일 게다.

횡단은 이러한 분할의 경계를 횡단하며 그것을 부수고 전복하는 것이고, 그럼으로써 보이지 않던 것을 보이게 하고 말할 수 없던 것을 말할 수 있게 하는 것이다. 그런 점에서 그것은 그러한 경계를 만들고 유지하는 권력에 대한 저항이고, 그것을 통해 그 분할의 선을 침범하고 변환시키는 것이다. 우리는 가리개로 가려 보이는 것과 보이지 않는 것의 연속적인 양적 분할과 다른 차원에서 가리개 없이도 보이지 않는 이러한 가시성의 체제야말로 횡단의 정치가 정의되어야 할 지점이라고 믿는다.

5
횡단의 정치와 치안

통상적인 용법에서의 정치는, 가령 국가나 정부, 혹은 대통령이나 관료, 국회의원 등으로 표상되는 정치는, 좋은 방식으로 작동하는 경우에조차 사람들에게 주어진 몫을 각자에게 적절하게 분배하는 것, 그들이 주어진 자리와 역할의 체계에 따라 생각하고 행동하고 살아가게 하는 것이란 점에서, 주어진 분할의 체계를 유지하는 것이다. 즉, 말할 자격을 가진 자가 말하게 하고, 주어진 권리를 가진 자가 그 권리를 행사하게 하는 것이다. 그것은 말할 자격이 없는 자가 말하는 것을 저지하고, 권리를 갖지 못한 자가 권리를 행사하거나 주장하는 것을 차단하는 통제와 관리의 체제다. 그것은 흔히 '통치'라고 불리는 그런 행위다. 이는 사람이나 자동차가 주어진 선을 넘지 않도록 통제하고, 그 선 안에서 질서를 지킬 것을 강제하며, 선을 넘은 자들을 단속하고 처벌하는 경찰(police)의 행위와 동일하다.

이처럼 분할의 체제 안에서 분배된 구획선들을 유지하고 할당된 자리에서 몫의 분배를 다루는 것은 '치안(la police)'이지

이진경

정치가 아니다. 정치는 이처럼 권리의 유무를 가르는 분할선을 침범하면서 주어지지 않은 권리를 주장하고, 주어지지 않은 몫을 주장하는 것이며, 말할 자격이 없는 자들이 말할 자격을 주장하는 것에서 시작한다. 예를 들면, 생사여탈권마저 왕에게 있었다는 점에서 자신의 신체에 대한 어떤 권리도 갖지 못했던 평민들이 자신들의 신체권을, 생명을 지속할 권리를 주장하여 싸우기 시작했을 때, 이전 시대와 '근대'를 분할하는 하나의 선을 넘게 되는 지점에서 우리는 정치를 발견한다. 인간의 권리라는 '보편적' 권리가 선언되었음에도 실제로는 참정권이 주어지지 않았던 여성들이 자신들에게 참정권을 달라고 주장할 때, 또한 우리는 비로소 치안과 다른 것으로서 정치가 시작되었음을 알고 있다.

여기서 치안이나 통치가 분할의 선을 지키고 그 선을 넘지 않도록 관리하고 통제하는 것이라면, 정치는 그 선을 넘는 것이란 점에서 정확하게 '횡단'을 뜻한다. '횡단'이란 개념을 직접 사용한 것은 아니었지만, 통상적인 정치라는 말보다도 오히려 볼 수 있는 것과 없는 것, 말할 수 있는 것과 없는 것의 분할을 횡단하는 것이 엄밀한 의미에서 '정치(la politique)'라는 것을 좀 더 명확하게 해주었던 것은 랑시에르였다.[42] 그는 이러한 분할과 횡단의 문제를 단지 권리나 자격, 몫과 같은 '정치적' 주제를 넘어서 앞서 본 것처럼 볼 수 있는 것과 없는 것, 말할 수 있는 것과 없는 것을 분할하는 감성의 형식과 결부된 것임을 강조한다. 그 분할은 정확하게 '감성의 분할'인 것이다. 정치는, 권리가 없는 자가 권리를 주장하는 것과 마찬가지로, 그러한 분할의 체제를 가로질러 말할 수 없는 자로 하여금 말하게 하고, 볼 수 없는 것을 보이게 하는 것이다.

'정치적인 것(le politique, the political)'은 앞서 말한 치안과 방금 말한 정치가 만나고 대결하는 영역을 지칭한다고 말해도 좋을 것이다. 치안이 하나의 집단 안에서 자리와 기능들을 체계적으로 분배하고 관리하는 것이라는 점에서 '통치'의 과정을 뜻한다면, 정치는 몫이 있는 자와 없는 자, 자격이 있는 자와 없는 자가 동등하게 말하고 행동하는 '평등'의 과정을 뜻하며, 몫이 없는 자, 자격 없는 자로 하여금 그들을 보이지 않게 만든 분할과 배제, 억압으로부터 벗어나게 하는 '해방'의 과정이다.[43]

이러한 의미에서 정치는 자격 없는 자가 자격 있는 자와 동등함을 주장하는 것이다. 그것은 자격이 없는 자가 없는 자격을 주장하는 것이고, 권리가 없는 자가 없는 권리를 주장하는 것이다. 가령 체류 자격을 상실한 이른바 '불법 체류자'기에 추방해야 한다는 입장이 '치안'에 속한다면, 반대로 '불법 체류자'가 체류할 자격을 주장하는 것, 그들의 권리를 주장하는 것이야말로 정치에 속한다는 것이다.■ 그것은 '국민'이란 이

■ 이것이 '국제적' 내지 '학제적'이란 말을 통해 말하는 것과 아주 다른 것임은 두말할 것도 없다. 국적을 달리하는 당들 간의 연대, 혹은 다른 분과에 속한 학자의 의견을 경청하는 것은 여전히 연대할 자격을 가진 자, 말할 자격을 가진 자의 구획을 벗어나지 못한 것이기 때문이다. 경제학자에게 실업자나 노점상의 발언이 들리게 만드는 것, 정치인의 귀에 청소년이나 어린 학생들의 발언이 들리게 만드는 것, 혹은 국토건설부의 공무원들에게 갯벌이나 강에 사는 물고기들의 목소리가 들리게 만드는 것, 끊임없이 새로운 도로를 만드는 역할에 충실한 도로공사의 관리들에게 산속의 나무들의 고통이 지각되게 만드는 것, 그런 것이 정치고, 그런 것이 횡단인 것이다.

이진경

름 아래 보이지 않게 된 존재자들이 가시적인 영역으로 침범해 들어오는 것이며, 국민과 비국민을 가르는 경계를 횡단하는 것이다.

이런 침범 혹은 횡단과 대면하면서 우리는 '국민'이란 이름의 가시성의 체제에서 벗어나, 볼 수 없던 것을 볼 수 있게 되고, 들리지 않던 것을 들을 수 있게 된다. 물론 그것은 가시성의 장막을 뚫고 들어오는 뜻밖의 사건을 긍정하고 그런 우발적인 사건의 도래 가능성에 마음이 열려 있을 때에만 가능한 것일 게다. 가시성의 외부에서 침범해오는 뜻하지 않은 사건, 그것을 앞서 말한 것처럼 '외부적인 것'이라고 명명할 수 있다면, 횡단의 정치는 이런 외부적인 것과의 만남이고, 이런 외부성의 긍정을 전제로 한다는 것을 이해하기는 어렵지 않을 것이다.

앞서 본 것처럼 푸코는 볼 수 있는 것과 없는 것이라는 감각적인 것의 분할이 권력의 문제임을 분명하게 해주었고, 그러한 분할의 경계를 횡단하여 볼 수 없는 것을 보이게 하는 것이 정치임을 분명하게 해주었다면, 랑시에르는 그러한 분할의 문제가 자격 없는 자들의 자격, 몫이 없는 자들의 몫을 다루는 문제임을 분명하게 해줌으로써 그것이 통상적인, 이른바 '거시적' 의미에서의 권력과 정치의 문제이기도 함을 명확하게 해주었다. 동시에 랑시에르는 이러한 분할의 문제가 단지 정치적 집단의 이해관계에 국한되는 것이 아니라, 가시적인 것의 분할이라는 감성의 문제임을, 감각적인 것의 문제임을 명시함으로써 그러한 거시적 정치의 문제와 이른바 '미시적' 정치의 문제가 하나로 통하는 문제임을 명확하게 해주었다. 이로써 한편으로는 '미시 정치학'이 통상적인 의미에서 '정치'의 영역, 혹은 국가적 통치와 부딪치는 영역에서 작동할 수 있는 지점을 다시금 주목하게 하며, 다른 한편으로는 감성적인 것의 영역에서 보이지 않던 것을 보이게 하는 다양한 '미시적' 활동들이 정치적인 것임을 명확하게 드러나게 한다.

이는 횡단의 문제 영역이 두 가지 차원을 갖고 있음을 뜻한다. 하나는 주어진, 혹은 주어지지 않은 몫과 권리, 자격의 구획을 가로지르는 것이다. 이를 몫을 요구할 자격, 권리를 주장할 자격이라는 의미에서 '자격'이란 말로 부를 수 있을 것이다. 다른 하나는 보고 듣는 감성의 차원에서 지각할 수 있는 것과 없는 것을 가르는 분할을 가로지르는 것이다. 이를 랑시에르의 말을 빌려 '감성'의 문제라고 명명하자. 그렇다면 횡단은 '자격'의 벽을 가로지르는 것인 동시에 '감성'의 벽을 가로지르는 것이라고 말할 수 있을 것이다. 여기서 전자가 권력에 의해 장착되고 유지되는 장벽과 관련되어 있다면, 후자는 그보다는 대개 볼 수 있거나 없는 능력/무능력의 양상으로 나타나는 것 같다. 전자와 관련하여 횡단이 권력의 장벽에 대한 투쟁과 저항으로 나타난다면, 후자와 관련해서는 무능력의 지대 속에서 새로운 능력을 창조하는 것으로 나타난다. 볼 수 없던 것을 보게 하고, 사유할 수 없던 것을 사유하게 하는 능력.■

■ 물론 그것은 볼 수 없던 것을 점차 확대해가는 진화적 과정을 뜻하지는 않을 것이다. 안 보이던 어떤 것을 보이게 하는 새로운 분할, 새로운 분절은 보이던 어떤 것이 보이지 않게 하는 것으로 이어지기 십상이기 때문이다.

이진경

그러나 후자가 긍정적인 것과 반대로 전자가 부정적인 어떤 것이라고 생각한다면, 그 또한 오해일 것이다. 그것은 이미 장착된 권력의 장벽을 두드리고 깨고 항의할 뿐인 "히스테리적 주체의 부정적 저항"이 아니라, 자격의 불평등을 만들고 유지하는 권력 이전에 존재하는 평등의 힘, 평등하게 살려는 힘의 표현이기 ■ 때문이다. 그것은 권력에 의해 박탈된 무자격의 조건 이전에 존재하는 힘이고, 그런 자격 박탈의 부정적 권력에 저항하는 긍정적 힘이다. 권력이야말로 그런 힘 내지 능력에 대한 부정인 것이다(그런 힘이나 능력이 없다면 권력이 존재할 이유가 없을 것이다). 볼 수 없는 것을 볼 수 있게 해주는 긍정적 횡단에 대해 억압과 배제, 혹은 무시와 부차화 등의 부정적 방법을 통해 기존의 무능력을 유지하려는 이해하기 힘든 사태가 일반적인 것은 이를 다른 지점에서 보여주는 것이라고 하겠다.

6
불온성의 '트랜스내셔널'을 위하여

여기서 우리는 다시 '인터내셔널'로 되돌아갈 수 있을 것이다. 19세기에 '인터내셔널'이 그 단어만으로도 정치적일 수 있었

■ '평등은 공리'라는 랑시에르의 말은 이런 의미로 이해되어야 한다. 그것은 특정한 사람들에 의해 설정되거나 수용되는 자의적 가정이 아니라, 모든 명제 이전에 존재하는 사유의 출발점이란 의미에서, 이런저런 명제들로 증명해야 할 어떤 게 아니라, 그런 명제들이 출발점으로 삼아야 할 어떤 것이라는 의미에서 '공리'인 것이다.

던 것은 그것이 '국민'이나 '국가'라는 이름으로 명명된 분할의 경계를 가로지르는 것이었기 때문이라고 해야 한다. 즉, 그것은 한편에서 국민이란 이름의 자격의 체제, 그리하여 그것의 바깥에 있는 자들의 목소리를 들리지 않게 만드는 그런 분할의 체제와 대결하며, 그런 분할을 가로지르는 새로운 횡단선을 그리면서 새로운 관계를 구성하려는 정치적 실천의 이름이었다. '만국의 프롤레타리아트', 그것은 이런 국민적 분할을 횡단하는, 어디에도 합법적인 자리와 자격은 주어져 있지 않지만 그 부재하는 자리에서 말하는 존재의 이름이고, 그들의 단결로 구성되는 '인터내셔널'이라는 조직은 국민국가를 횡단하며 만들어질 도래할 정치적 신체의 이름이었다.

'프롤레타리아트'라는 말이 그토록 오랜 시간을 '불온한 자'들의 표상하는 개념으로 간주되어온 것은, 그 개념 안에 발생적 기원으로 포함되어 있는 이러한 횡단성 때문이었을 것이다. 불온한 자들이 지배적인 배치와 분할의 선 안에 자리 잡고 있는, 그런 점에서 충분히 과거의 시제를 갖는 어떤 집단이 아니라, 언제나 그러한 분할을 횡단하며 지배적인 배치를 와해시키며 오는 자들이란 점에서 '미래'의 시제를 갖는 '도래할' 집단이란 것을 다시 강조해야 하는 것은 이런 이유에서다. 또한 그것이 특정한 지위를 공통으로 갖고 있는 집합적 공통성에 의해서가 아니라, 그러한 지위를 가로지르며 만나고 함께하는 공동성에 의해, 공동의 어떤 사건들에 의해, 그런 공동성에 의해 형성되는 포텐셜(potential)에 의해 정의되어야 하는 것은 이런 이유에서다. 그것이 예측 가능성의 선에서 벗어난

이진경

이질적 요소들, 모든 주어진 경계 바깥에서 오는 외부자들로 가득 차 있는 것은 이런 이유에서다. 최초의 인터내셔널이 망명자들로 가득 차 있었으며, 망명자들에 의해 주도되었다는 사실은 이를 잘 보여주는 것이라고 할 것이다.

다른 한편 '인터내셔널'은 국민이란 이름으로 인해 가려지고 보이지 않게 되었던 것들, 그런 사건들이나 사건 속에서 출현하는 것들을 보는 새로운 시선, 새로운 감성의 장이었다. 프로이센과 프랑스의 전쟁이라는 사실에 가려 보이지 않았던 코뮌 파리의 거리를 흐르는 노동자들의 피, 애국주의적 호소를 하면서도 봉기한 계급적 적을 제거하기 위해서는 적국의 군대마저 끌어들이는 부르주아지의 기이한 '국제주의', 그리고 파리 시내를 적시며 흐르는 피를 따라 배어나온, 국가에 반하는 국가라는 기이한 미래가 그러한 새로운 시선을 통해 포착할 수 있었던 사건이고 사실이었을 것이다.

보이는 것만 볼 뿐인 지배적 시선의 장 속으로 밀고 들어가며 뜻하지 않은 사건을 만드는 실천들이, 지극히 비정치적이라고 간주되던 영역에서조차 근본적으로 정치적인 것은 이런 이유에서다. 그러한 실천이 심지어 예술가처럼 새로운 것의 창조를 공식적인 과제로 설정한 영역에서조차 불온한 것으로 여겨지는 것은, 그런 예술가들이 어떤 정치적 급진성을 표방하지 않는 경우에조차 불온한 자들로 간주되는 것은 이런 이유에서일 것이다. 불온성이 흔히들 말하는 '정치적 급진성'과 포개지지 않으며 오히려 크게 어긋나거나 대립하기도 하는 것은, 정치적 급진성마저 이미 익숙한 분할의 선 안에서 구획되고, 지배적인 배치로 자리 잡은 경우가 많기 때문이고, 그러한 배치 안에서 익숙한 통념을 반복하여 가동시키는 경우가 흔하기 때문이며, 그런 까닭에 새로운 횡단적 실천이 갖는 정치성을 이해하지 못하고 심지어 비난하는 경우가 적지 않기 때문이다.

요컨대 '인터내셔널'은 국가들 간에 만들어지는 관계가 아니라, 심지어 하나의 국가 안에서조차 형성될 수 있는 새로운 관계의 장이고, 하나의 국가를 분할하는 새로운 구획의 경계며, 국가의 본성 자체를 바꾸어버리는 새로운 실천의 가능성이었다. 그것은 바로 인터내셔널이란 이름으로 작동한 횡단의 정치가 창안한 미래고, 그런 횡단선들을 따라 도래할 사건들의 궤적이다. 프롤레타리아트라는 이름에 익숙한 사람이나 집단조차도 받아들이기 쉽지 않은, 그들의 감성을 재단하는 오래된 분할의 선 속에서 아주 쉽게 지워지고 잊히는, 그런 만큼 항상 그 분할의 선을 가로지르며 출현할 새로운 정치의 이름이다. 여기에 굳이 '트랜스내셔널'이라는 새 이름을 붙이고 싶은 것은, 국가라는 낡은 자격과 감성의 체제 속에 포섭되고 통합되었던 역사의 자리에서 새로운 횡단의 정치가 다시금 가동하기를 욕망하기 때문이다. 그로써 낡은 정치적 급진성의 구도 안에서조차 벗어나는 불온성을, 불온성의 정치학을 가동시킬 수 있기를 욕망하기 때문이다.

이진경

주

1 M. 푸코의 저작 《감시와 처벌》의 영역자는 영역본의 제목을 *Diciplne and Punish*라고 붙인 바 있다. M. Foucault, *Discipline and Punish*, A. Sheridan tr., Vintage Books, 1995.

2 G. 들뢰즈/F. 가타리, 이진경 외 옮김, 《천의 고원》, 연구공간 너머 자료실, 2000.

3 M. 블랑쇼, 박혜영 옮김, 《문학의 공간》, 책세상, 1990, 211~213쪽.

4 R. 야콥슨, 《일반 언어학 이론》, 민음사, 1989.

5 C. 레비스트로스, 《구조인류학》, 종로서적, 1983, 82쪽과 281쪽. P. 클라스트르는 이러한 일반화된 교환의 논리가 동일성의 논리라는 점에서 차이의 논리로서 원시사회의 논리에 부합하지 않는다고 비판한다. 이는 교환의 논리에 대한 근본적 비판의 지점을 제공한다. P. 클라스트르, 변지현·이종영 옮김, 《폭력의 고고학》, 울력, 2002, 279~289쪽.

6 J. 하버마스, 이진우 옮김, 《현대성의 철학적 담론》, 문예출판사, 1995 ; 장춘익 옮김, 《의사소통행위이론》, 나남출판, 2006.

7 M. 푸코, 이정우 옮김, 《지식의 고고학》, 민음사, 1992 ; 이정우 옮김, 《담론의 질서》, 새길, 1993.

8 G. Tarde, 稲葉三千男 譯, 《世論と群衆》, 未來社, 1964.

9 M. Lazzarato, 《出來事のポリティクス》, 村澤眞保呂 外 譯, 洛北出版, 2008, 193쪽 이하.

10 M. Serre, *Hermes 1: Communication*, Minuit, 1969.

11 Jean-Luc Nancy, 《無爲の共同體》, 西谷修 外 譯, 以文社, 2001, 68쪽.

12 가령 김형효, 《하이데거와 마음의 철학》, 청계, 2001 ; 김형효, 《하이데거와 화엄의 사유》, 청계, 2002.

13 이러한 추상기계 개념에 대해서는 이진경, 《코뮨주의》, 그린비, 2010, 148쪽 이하 참조.

14 이에 대해서는 이진경, 《노마디즘》 2권, 휴머니스트, 2002, 10장 참조.

15 "중국에서는 왜 데카르트나 뉴턴과 같은 사람이 등장하지 않았을까? 그 이유는 역사적이고 종교적인 것들이었다. 중국인들에게는 추상적으로 체계화된 법칙에 대한 혐오감이 있었다. …… 그[개인보다 국가를 중시하는 관념]보다 더 중요할지도 모르는 사실은 중국 학자들이 세상 만물을 창조한 인격적인 신에 대한 생각을 포기했다는 것이다."(E. 윌슨, 《통섭》, 최재천·장대익 옮김, 사이언스북스, 2005, 76쪽) 이처럼 어이없을 정도로 소박하게 질문하고, 어떤 근거도 없이 진지한, 어떤 고려도 느껴지지 않을 정도로 황당하게 대답하는 이런 식의 생각을 최근 출

판된 책에서 읽을 수 있을 거라곤 정말 생각하지 못했다.

16 J. 니담, 이석호 외 옮김, 《중국의 과학과 문명》 1~3권, 을유문화사, 1985~1988.

17 김용섭, 《조선 후기 농업사 연구》, 일조각, 1984.

18 T. 차라, 〈다다 선언 1918〉, T. 차라 · A. 브르통, 송재영 옮김, 《다다/쉬르레알리슴 선언》, 문학과지성사, 1987, 14쪽.

19 물론 '정도의 차이'와 '본성의 차이' 또한 들뢰즈가 지적하듯이 정도의 차이에 지나지 않는 것인지도 모른다(G. 들뢰즈, 김상환 옮김, 《차이와 반복》, 민음사, 2004, 512쪽). 그러나 정도의 차이, 강도의 차이는 넘을 수 없는 문턱을 제거한다는 의미를 갖지만, 《차이와 반복》에서 강도의 차이가 감각적인 것(le sensible)의 발생적 요인임을 안다면(같은 책, 475쪽 이하), 들뢰즈에게조차 그 차이가 사소한 차이를 뜻하지 않음을 쉽게 이해할 수 있을 것이다.

20 E. 윌슨, 앞의 책, 44쪽.

21 같은 책, 40쪽.

22 같은 책, 329쪽.

23 최재천, 〈설명한다, 그러므로 나는 존재한다〉, 《통섭》, 16쪽.

24 E. 윌슨, 앞의 책, 40쪽.

25 같은 책, 40쪽. 지속적 성공이 믿음을 주는 것은 사실이지만, 그것이 치명적 독이 될 수 있음을 사회주의의 역사는 보여준다. '붕괴' 이전의 현실 사회주의 사회가 전 세계 사회주의자들에게 자신의 이념을 믿고 따르게 해주었음은 아는 바와 같다. 여기서 문제는 사회주의 사회가 결국 실패했다는 사실이 아니라, 성공으로 인해 수많은 사람들로 하여금 던졌어야 할 질문들을 던지지 않게 했고, 의심했어야 할 것들을 의심 없이 받아들이게 했다는 사실이다. 지속적 성공에 기대어 믿음을 유지하는 것보다는 차라리 실패를 통해 근본에서 질문하게 하는 것이 더 중요하다는 것은 아무리 강조해도 지나치지 않을 것이다.

26 백과사전과 보편수학을 관통하는 하나의 에피스테메에 대해서는 M. 푸코, 《말과 사물》, 민음사, 1986, 104~109쪽 참조.

27 F. 가타리, 윤수종 옮김, 〈횡단성〉, 《정신분석과 횡단성》, 울력, 2004, 145쪽.

28 F. 가타리, 〈전이〉, 같은 책, 105쪽.

29 "나는 집단 안에서의 선이, 제도적 전이에 대해 말하려고 한다."(〈전이〉, 같은 책, 101쪽);"나는 제도적 전이라는 너무 모호한 관념 대신에 집단 속에서의 횡단성이라는 새로운 개념을 도입할 것을 제안한다."(〈횡단성〉, 같은 책, 144~145쪽)

30 같은 책, 146쪽.

31 같은 책, 150쪽.

32 같은 책, 372쪽.

33 같은 책, 145~146쪽.

34 M. 푸코, 홍성민 옮김,《임상의학의 탄생》, 인간사랑, 1996, 20쪽.

35 같은 책, 33쪽.

36 M. 푸코, 이규현 옮김,《광기의 역사》, 나남출판, 2003.

37 M. 푸코, 이정우 옮김,《지식의 고고학》, 민음사, 1992.

38 湯淺誠,〈はじめに―人間の手触り〉, 宇都宮健兒 外 編,《派遣村》, 岩波書店, 2009, v쪽.

39 M. 푸코, 이정우 옮김,《담론의 질서》, 서강대학교 출판부, 1998.

40 M. 푸코, 이정우 옮김,《지식의 고고학》, 민음사, 2000, 83쪽 이하.

41 M. 푸코, 이규현 옮김,《성의 역사》 1권, 나남, 1990, 148쪽 이하; M. 푸코, 박정자 옮김,《"사회를 보호해야 한다"》, 동문선, 1998, 277쪽 이하 참조.

42 J. 랑시에르, 양창렬 옮김,《정치적인 것의 가장자리에서》, 길, 2008; J. 랑시에르, 오윤성 옮김,《감성의 분할》, 도서출판 비, 2008.

43 J. 랑시에르,《정치적인 것의 가장자리에서》, 133~136쪽.

박정수

인문학의
현장은
어디인가

실수 – 방황의 인문학 현장

박정수   대학에서 현대소설을 전공했다. 국문학 박사. 졸업 후 10여 년 동안 문학을 등지고 살았으나 현장 인문학을 하면서 다시 문학으로 돌아오고 있다. 문학의 외부성에서 삶의 외부성과 혁명의 외부성을 찾을 성싶다. 연구공간 수유너머R 연구원. 프로이트, 라캉, 지젝, 푸코, 들뢰즈, 카프카, 루신에 관심이 많으며, 자칭 '욕망의 정치경제학'을 개척하고 있다. 노들야학과 매주 수요일 인문학 세미나를 진행하고 있으며, 2010년 10월 30일 시내 가판대에 붙어 있는 G20정상회의 포스터에 쥐그림을 그려 넣어 검찰에 의해 징역 10개월을 구형받은 그래피티 작가이기도 하다. 또한 동네 아이들과 놀이터에 '갤러리 놀이텃밭'을 일구면서 마을 공동체 만들기를 도모하고 있다. 지은 책으로는 《현대소설과 환상》, 《청소년을 위한 꿈의 해석》이 있고, 옮긴 책으로 슬라보예 지젝의 《잃어버린 대의를 옹호하며》 등이 있다.

작년부터 이상하게 예술 혹은 문학이 자꾸 땡긴다. 고등학교 때는 꽃 편지지에 온갖 공감각적 수사들로 치장된 편지를 남발했고, 불문과 대학 시절에는 "문학이란 말이야. 삶의 바다에 언어의 그물을 던지는 행위야." 따위의 손발 오글거리는 말을 주워섬기곤 했지만, 대학원 이후에는 정신분석학, 철학, 정치경제학의 개념과 논리적 사고에 빠져 문학을 멀리했다. 그런데 작년부터인가 자꾸 문학 혹은 예술 쪽으로 눈길, 아니 발길이 간다. 그래서 멀쩡한 G20 포스터에 '불길한' 쥐 그림을 그려 3차 공판에서 징역 10월을 구형 받았다.

1
나는 왜 불온한 B급 예술가가 되었나

그렇다. 나는 2010년 10월 30일 시내 가판대에 부착된 G20 홍보 포스터에 쥐 그림을 그렸다. 그래피티의 대중적 형식인 스텐실 기법으로 포스터의 청사초롱 옆에 쥐 한 마리를 그려, 쥐가 청사초롱을 들고 있는 것처럼 보이게 했다. 검사는 "그 빈자리는 우리 국가의 전통과 품격, 번영의 꿈을 가진 국민과 아이들의 자리인데, 그 자리에 불길한 쥐를 그려 넣음으로써 하룻밤 사이에 아이들의 꿈을 강탈해갔다."고 구형의 변을 토했다. '불길한 쥐'라! 그 쥐가 누구를 닮았는지 대한민국 국민이라면 모를 리 없을 텐데 '불길한' 쥐라……. 검찰이 정말 불길하다고 생각한 것은 아마 '쥐' 자체가 아니라 야반에 여러 명이 게릴라처럼 정부 기관이 게시한 국정 홍보물에 불순한 의미가 담긴 그림을 그리며 돌아다닌 행위 자체의 불온성일 것이다. 결과만 놓고 따지는 실정법으로는 그저 재물 손괴에 불과하지만 내가 '그래피티 아트'라고 주장한 그 행위의 불온성을 말하고 싶었던 것이리라.

공안 2부 수사검사의 눈에 나의 그래피티 행위는 '정상적인 사람, 상식을 가진 사람'이라면 생각할 수도 없는 것으로 보였다. 범법 행위라서가 아니라 정상성을 깬 것이 문제의 핵심이다. 실정법상으로는 경미한 범죄지만, 공권력을 조롱하고 온순한 시민의 상을 깬 그런 파격을 용인하면 '깨진 유리창의 법칙'대로 너도나도 공공시설에 대한 주권적 참여를 주장할 것

박정수

이고, 그런 파격적인 공공성을 허용하면 공공성에 대한 정부의 독점권이 유실되고 법의 영토도 대폭 줄어들 수밖에 없기 때문이다.

이번 공판에서 무엇보다 검사의 심경을 불편하게 한 것은 예술과 공안의 대립 구도였다. 나는 줄기차게 내 행위의 예술성을 주장했다. "왜 포스터에 쥐 그림을 그렸나?" "예술적 욕구였다." "왜 정부 행사를 계획적으로 방해하려 했나?" "예술적 행위였다." "불법행위란 걸 몰랐나?" "예술 행위였다." 그래피티 아트, 예술, 뱅크시……. 불법성과 불순한 이념성을 부각시키려던 검사는 법정 가득 소란스러운 예술적 언설에 당황해하며, "피고는 예술이 법보다 상위에 있다는 요설을 펼치며 뱅크시라는 예술가의 권위에 호소하여 자신의 범죄행위를 정당화시키려 한다."며 분을 토했다. 목에 핏대를 세우고 소리치는 검사를 향해 나는 조용히 대답했다. "나는 법 위에 예술이 있다고 말하는 게 아니라 예술은 법 바깥에 있다고 말하는 겁니다. 법의 잣대로만 판단한다면 인류 역사에서 예술은 존재할 수 없을 것입니다. 예술에 대한 판단은 법 바깥의 시민사회 안에서 자체적으로 이루어져야 한다고 생각합니다. 그리고 뱅크시의 권위에 호소한다고 했는데, 뱅크시는 주류 사회의 권위를 갖고 있지도 않을뿐더러 권위를 해체하는 걸 본질로 삼는 그래피티 아티스트입니다."

들고 있던 판사가 물었다. "뱅크시가 자신의 신분을 감추는 것은 자기 행위가 불법적이라고 여기기 때문이 아닌가요?" 나는 대답했다. "세계 최고의 정보력과 CCTV를 보유한 영국 경찰이 마음만 먹으면 뱅크시 하나 못 잡겠습니까. 못 잡는 게 아니라, 안 잡는 겁니다. 영국의 시민들과 관광객들이 워낙 뱅크시를 사랑하니까요. 그리고 뱅크시가 자신의 존재를 감추는 건 불법성 때문이 아니라 그래피티의 게릴라적 공공성 때문입니다. 자신의 이름으로 작품을 소유하고 판매하는 식의 작가가 되길 거부하고 진정한 의미의 공공성으로 시민사회에 돌려주기 위해서입니다. 또 쓸데없는 유명세로 그래피티 작업에 방해를 받고 싶지 않아서겠지요."

피고인 심문 과정에서 나의 또 다른 공공 미술 작업이 거론됐다. 수유+너머R 연구실 옆에 있는 조그마한 놀이터에 일명 '갤러리 텃밭'을 만들고 있는 것이 변호사의 심문 과정에서 언급되었다. "피고는 평소에도 주위의 생활공간을 버려진 물건들을 활용하여 꾸미는 일을 헤오고 있습니다. 이것은 연구실 주위의 작은 놀이터에 피고가 만들어놓은 것들입니다. 피고, 이건 무슨 의미로 만든 거죠?" 그렇다. 나는 한 달 전쯤부터 버려진 변기나 청바지, 교통 통제 고깔 등을 이용하여 재미있는 화분을 만들어서 농작물과 꽃을 심어 놀이터 여기저기 설치하는 작업을 하고 있다. 처음에는 혼자 했는데, 놀이터에서 놀던 아이들이 신기한 듯 쳐다보기에 같이 하자고 하여 지금은 10여 명의 어린이와 청소년들이 날마다 놀이터를 어떻게 꾸밀까 궁리하는 공공 미술 프로젝트로 발전했다.

그런데 어느 날 구청 공원관리팀 사람들 여섯 명이 몰려와 허가받지 않은 설치물이라서 철거해야겠다고 했다. 나는 취지를 설명하고 공원녹지과 과장과의 면담을 요청했다. 다음 날

공원녹지과 주임이라는 사람이 와서 참으로 '공무원스런' 논리를 폈다. 만에 하나 무단으로 설치한 화분 때문에 안전사고라도 나면 그 책임은 누가 지느냐, 열 명의 주민이 좋아하더라도 한 사람이 불쾌하다고 생각해서 민원을 넣으면 어떻게 하느냐, 만약 또 다른 주민들이 하나둘 자기 화분을 갖다놓고 기르겠다고 하면 공원의 기능은 마비되지 않겠느냐는 것이다. 결국, 일말의 가능성이라도 위험과 성가심이 발생할 수 있다면 안 하는 게 낫다는 논리다. 자기네들이 신경 써서 공원을 만들어놨는데 왜 쓸데없이 문제의 소지가 있는 짓을 하느냐는 것이다. 나는 그의 말을 최후 변론의 화두로 삼았다. "그 공무원도 그렇고, 쥐 그래피티에 대한 검찰도 그렇고, 이 정부는 국가가 하는 일에는 아무것도 토 달지 말고 그저 주는 대로 받아들이라고 합니다. 공공의 일원으로서 공공의 영역에 참여하는 행위에 대해 검찰은 징역 10개월을 구형했습니다. 정말 아무것도 하지 말라는 겁니까? 그저 받아 적고 복종하기만 하라는 겁니까? 저는 평범한 시민의 일원으로서 검찰의 구형에 몹시 당황스럽고 …… 겁이 납니다. 그렇다면 저는 …… 이제 …… 아무것도 하지 않겠습니다. 아무 짓도." 판사에게는 '반성'의 기미로, 방청객에게는 풍자적인 냉소로 들리기를 기대하며 나는 "아무 짓도 하지 않겠다."는 말로 끝맺었다. 그리고 나 자신에게는 '진실 따위, 진심 따위는 개나 물어가라.'고 되뇌었다.

이렇게 '공부'는 안 하고 그래피티, 갤러리 텃밭, 즉흥 연극 등에 정신이 팔려 있는 모습을 보며 주위 사람들은 "연구자 그

만뒀어? 책은 언제 읽고, 언제 써?"라고 농반진반으로 염려한
다. 그러고 보니 번역이나 강의, 세미나, 저술 활동에 그만한
신경을 못 쓰고 있는 게 사실이다. 학자라기보다는 농부나 B
급 예술가의 생활에 가깝다. 내가 왜 이렇게 됐지? 공부가 적
성이 아닌가? 이 글을 통해 문학, 예술 쪽으로 기운 나의 행적
을 더듬어보고 그것이 인문학적 삶의 한 갈래 길일 수 있음을
스스로에게 확인시키고자 한다. 인문학, 그렇다. 나는 나의 지
금 행적이 인문학의 한 길일 수 있다고 믿는다. 인문학 하면
떠오르는 '철학적 사유'의 영토 너머 문학적, 예술적 삶의 대
지를 더듬거려보려고 한다.

2
어떻게 인문학이 수유+너머에 들어왔나

언제부턴가 수유+너머가 '인문학' 단체로 불리고 있다. 문
학·역사학·철학 같은 분과 학문을 통칭하든, 포괄적으로 '인
간을 위한 학문'을 뜻하든 '인문학(human science)'이란 단어
는 수유+너머 연구원들의 공부를 지칭하는 말로 적절치 않다
고 생각해왔다. 그런데 언제부턴가 우리 안에 '인문학'이 들어
왔고, 종종 우리 자신을 인문학자라 칭하기도 한다.

　더듬어보면, '인문학'이란 단어가 수유+너머에서 사용된
것은 2006년 9월 가을 학술제부터였다. 그해 봄 우리는 "새만
금에 생명을! 대추리에 평화를! 한미자유무역협정(FTA) 반대

한다!"라고 외치며 새만금에서 대추리까지 '대장정'을 했다. 우리는 걸으면서 물었고 머물면서 공부했다. 책상머리에 붙어 있던 우리 몸도 놀랐고, 정체 모를 '연구자 공동체'가 길거리에서 팔뚝질을 하는 모습에 다른 사람들도 놀랐다. 그때 나는 움직이면서 사유하는 법을 배웠고, 책 바깥에 공부거리가 무지 많다는 걸 느꼈다.

대장정의 힘으로 우리는 그해 가을 원남동에서 남산으로 이사했다. 그리고 외유(外遊)의 에너지를 내강(內剛)의 힘으로 수렴시키기 위해 9월 말에 학술제를 열었다. 모토는 '공부를 축제로 만들고, 축제 속에서 공부하자'였다. 수유+너머가 공부하는 방법을 다른 사람들에게 '자랑'하기 위해 어느 때보다 왁자지껄하고 풍성한 '지식의 향연'을 준비했다.

그때 우리는 어느 때보다 활력에 넘쳤는데, 바깥에서는 인문학이 죽어가고 있다고 난리였다. 9월 초에는 고려대 문과대학 교수들을 비롯하여 전국의 인문대 학장들이 인문학의 위기를 '선언'(?)했다. 무차별한 시장 논리와 효율성에 대한 맹신으로 인문학이 존립 위기에 빠졌다면서 문화와 문명, 산업 경쟁력의 근간이 될 인문학을 지원해달라고 정부에 호소했다. 그에 대한 대응책으로 한국학술진흥재단이 대학 안팎의 인문학자들을 불러 모아 인문학 진흥 방안을 찾기 위한 회의를 했다. 수유+너머에서는 고미숙 연구원이 참석해서 축제처럼 치러지는 '인문학 주간'을 제안했다. 학진은 그 제안을 받아들여 첫 번째 '인문학 주간' 행사의 일환으로 수유+너머 학술제를 지원했다. 그렇게 2006년 학술제는 전국의 인문대 학장들이 선언한 인문학의 위기에 대한 대응으로, 학진이 주최한 '인문학 주간' 행사의 일환으로 치러졌다.

하지만 나는 그해 학술제가 '인문학 주간' 행사로 치러진 사실을 잘 몰랐고 '인문학의 위기'에는 관심도 없었다. 그저 '웬일로 학진이 연구실 행사에 자금 지원을 하나?' 하고 기특해했을 뿐이다. 학술제에서도 '인문학의 위기'는커녕 '인문학'이라는 단어도 나오지 않았다. '공부와 삶(생명)', '생명(삶)을 살리는 앎', '대중을 위한 지성이 아니라 우리가 대중으로서 실천하는 대중지성'에 대한 이야기와 음식 페스티벌, 음악과 미술이 어우러진 '향연'을 열었을 뿐이다.

그 다음 해 2007년 10월의 학술제는 조금 달랐다. '시민지식 네트워크를 위한 독서 프로젝트'라는 명칭으로 치러진 2007년 학술제는 전년부터 확산된 '인문학의 위기' 담론에 대한 수유+너머의 적극적 반응이었다. 우리는 '아카데믹 캐피탈리즘' 속에서 대학 안의 인문학이 고사되는 것과는 반대로 대학 바깥에서는 시민의 자발적인 인문학이 번성하고 있는 데 주목했다. '수유+너머' 같은 대학 바깥의 인문학 단체가 늘어나고, 크고 작은 독서 클럽들이 우후죽순으로 생기고, 지역 도서관의 공부 모임도 늘어나고 있었다. 거기에 상품으로서의 책 생산과 유통을 넘어 지식 생산의 주체이자 터미널이고자 하는 출판사와 서점도 많이 생겼다.

우리는 대학 바깥의 그 '책 공동체'들에게 시민지식 네트워크를 제안했다. 책을 통해 형성된 공동체들끼리 책을 통해 네트워크를 만들고 책을 통해 공통의 문제를 토론하고 해결해

나가자고 제안했다. 첫 번째 주제로 우리는 '우리의 불안정한 삶, 비정규직을 읽는다'를 제안하고 KTX 여승무원들의 수기 집인 《그대들을 희망의 이름으로 기억하리라》와 20대 비정규직의 삶을 경제학적으로 분석한 《88만원 세대》, 여러 분야 비정규직의 삶을 진솔하게 기록한 르포집 《부서진 미래》를 읽고 비정규직의 목소리를 세상에 알리자고 했다. 전국에서 온 30여 개의 '책 공동체'들과 함께 연구실 여기저기, 청계광장, 지역 도서관에서 책을 읽는다는 것, 책으로 세상을 바꾼다는 것, 이 시대의 불안정한 존재들에 대해, 비정규직의 삶에 대해 토론하고 공감하고 선전했다.

우리는 이 '독서 프로젝트'가 전년에 이어 '인문학 주간' 행사에 잘 어울린다고 생각하고 학진에 지원을 요청했다. 그러나 학진에서는 "같은 단체가 2년 연속으로 지원받는 것은 형평성에 어긋난다."는 이유를 대며 지원을 거절했다. 우리는 학진 회의 뒷담화에서 나온 "수유+너머는 먹고 노는 데 너무 많은 예산을 쓴다.", "수유+너머가 반정부 투쟁에 너무 나서서 지원할 수 없다."는 얘기를 들었다. 그때서야 우리는 우리 존재의 불온성에 대해 생각하게 되었다. 고립된 사유의 독방이 아니라 대중 속에서, 대중이 되어 축제처럼 하는 공부, 정부의 정책에 따르는 인문학이 아니라 대중이 처한 삶의 위기에서 공부거리를 찾는 인문학의 불온성에 대해서 실감하게 되었다.

'인문학'이라는 단어가 정식으로 연구실 행사에 등장한 것은 그 이듬해, 2008년 학술제 '인문학: 정치적 상상력과 실험의 사유'에서였다. 전년 학술제의 화두가 '시민'의 자발적 인문학이었다면, 2008년에는 법적으로 혹은 미시 권력에 의해 '시민'의 자격을 박탈당한 사람들, 가령 교도소 수감자, 장애인, 탈성매매 여성, 노숙인에게 인문학은 어떤 의미를 갖는지가 주된 논의 대상이었다. 고병권의 〈인문학자에게 현장은 무엇인가〉라는 글 발표가 있었고, 재소자들과 함께하는 '평화 인문학', 노숙인과 함께하는 '성프란시스 대학', 탈성매매 여성과 함께하는 'W-ing 인문학 아카데미'의 취지와 성과를 들었으며, 2008년 초부터 노들장애인야학에서 했던 '노들인문학 강좌'를 평가했다.

이후 연구실은 '평화 인문학'에 조직적으로 참여했고, 'W-ing 인문학 아카데미'를 전담하면서 W-ing과 함께하는 '수유 너머 길'을 탄생시켰다. 또한 '노들인문학 강좌'는 2009년에도 이어졌고, 월례 강좌보다 집중적인 인문학 공부를 위해 마르크스(2009년), 푸코(2010년), 루쉰(2011년 현재)의 책을 가지고 집중 세미나를 해왔다. 나는 '평화 인문학' 2기와 3기에 참여하여 정신분석적 인간학에 대해 강의했고, 2010년부터 지금까지 노들야학에서 장애인 학생, 교사, 활동가들과 푸코, 루쉰을 공부하고 있다.

3
인문학의 현장은 무엇인가

수유+너머가 뜻밖에도 '인문학'이란 단어를 받아 안은 것은 그것을 '현장'과 결합하면서다. '현장 문학', 이 용어는 자칫 인문학의 한 장르를 지칭하는 것처럼 들린다. '강단 인문학'과 대비되어 '체험, 삶의 현장'처럼 강단 바깥에서 이루어지는 인문학을 가리키는 말처럼 들릴지도 모른다. 마치 인문학의 원래 장소는 삶의 체험 현장과 분리된 학문의 전당이고, 현장은 강단 바깥의 특정 장소인 듯이, 혹은 '현장 인문학'이 강단에 있던 인문학을 가지고 현장으로 출장 가는 '출장 인문학'인 듯이. 돈을 벌기 위해서든, 가난한 사람들에게 인문학의 세례를 베풀기 위해서든, 인문학을 가지고 출장 가듯 하는 태도는 인문학의 원래 자리가 강단이나 책, 혹은 삶의 체험 현장과 분리된 학문의 세계라는 전제를 깔고 있다. 그래서 풍요로운 인문학의 관념으로 헐벗은 가난한 사람들에게 희망과 활력을 불어넣자는 의지가 발동한다.

물론 인문학을 갈구하는 현장의 사람들은 자신의 삶을 옭죄는 빈곤이 비단 돈의 결핍만이 아니라 존재의 빈곤, 관계의 빈곤, 사유의 빈곤에서 비롯된 것임을 깨닫고, 인문학이 그 결핍을 메워줄 수 있으리라 기대한다. 당장 먹고살 궁리가 아쉬운 사람들에게 무슨 인문학이냐고 하는 사람들에게 그들은 정말 한가한 것은 사회로부터 고립되어 무력해지고 심지어 존재감마저 사라져가는 이들에게 빵만 던지는 것이라고, 지금 우리에게 필요한 것은 빵이 아니라 장미며 장미는 절박함에서 나온 요구라고 말했다.[1]

또한 그들은 돈과 권력을 박탈당할수록 더욱더 돈과 권력에 얽매이고, 그럴수록 '사유의 중지'가 강요되는 현실을 자각하며, "지금까지는 어떻게 먹고살까만 고민했는데 이제는 어떻게 살 것인가를 고민하게 되었다."고 말하곤 했다. 대학이 인문학의 빈곤함에 시달리는 동안 대학 바깥의 가난한 사람들은 인문학의 풍요로움을 깨닫고 있었던 것이다.

문제는 인문학자 자신이다. 강단 바깥의 현장 사람들이 인문학의 힘을 인식할 때 정작 인문학자 자신은 그 힘의 출처를 모른다. 출장 가듯 인문학 보따리를 싸들고 현장으로 가는 인문학자는 그 힘이 자신의 보따리 안에 있다고 생각한다. 인문학의 힘, 즉 '다른 삶'의 잠재성을 발견하는 사유의 힘은 인문학자의 보따리가 아니라 바로 삶의 현장에 있는 자들의 '절박함'에서 나온다는 것을 깨닫지 못하면 그는 현장으로 간 게 아니다.

나도 그랬다. '평화 인문학'을 할 때 나는 이전에 연구실에서 한 정신분석 강의 노트를 그대로 들고 갔다. 어쨌든 내가 잘할 수 있는 강의는 정신분석학이었으므로. 첫 번째 수원교도소에서의 강의는 괜찮았다. 모범수에 희망자를 대상으로 한 강의여서 수강 태도도 좋았고 덕분에 정신분석이란 낯선 학문을 접할 수 있어서, 억압되고 나약한 마음이 자신에게나 사회에 어떤 불행을 초래하는지 배울 수 있어서 좋았다는 평가도 받았다. 하지만 거기에는 어떤 '현장'도 없었다. 목회자들의 예배와는 조금 색다른, 간만의 사제 간식과 여유로움이 재소자들의 구미를 당기는 교화 프로그램의 일환일 뿐이었다.

이듬해 2010년 봄 안양교도소에서의 3기 '평화 인문학'에서 나의 실수와 한계가 여실히 드러났다. 나는 전년과 똑같은 강의록을 들고 갔고 전해보다 조금 더 능숙하게 강의했다. 그러나 재소자들의 반응은 냉담했다. 차라리 반발이라도 있었다면 나았을 것이다. 아무런 반응도 없었다. 그저 달콤한 간식을 먹으며 시간을 때울 수 있어 좋다는 반응이었다. 강제적으로 참여시킨 강의여서 그런 건 아니었다. 무엇보다 나의 강의에는 나의 삶이 녹아 있지 않았다. 나에게 정신분석학이란, 인문학이란 어떤 것인지, 그게 나의 삶을 어떻게 바꾸고 있는지, 나의 절박함이 담겨 있지 않았다.

인문학이 현실 안에 있는 또 다른(잠재적) 현실을 발견할 수 있다면, 그런 일은 가난한 사람들에게 일어나기 전에 우선 인문학자 자신에게 일어나야 한다. 인문학자가 현장으로 가져갈 게 있다면 그건 책 보따리가 아니라 자신의 인문학적 삶이다. '앎과 일치된 삶', 수유+너머가 추구하는 이 모토가 실제로 느껴지는 강의와 그저 입으로만 하는 강의는 현장에서 확연히 구분된다. 함께 '평화 인문학'에 참여했던 고병권의 강의가 좋은 예다.

처음에는 '한 달에 수백만 원 버는 지체 높으신 양반이 놀이 삼아 와서 그냥 이야기하려 하나 보다.'라고 생각했습니다. 그러나 선생님의 월수입이 100만원 남짓이라는 것을 들었을 때, 이 사람 심한 갈증을 느꼈습니다. 고추장님의 얼굴에서는 제 얼굴에서는 볼 수 없는 어떤 여유로움이랄까요, 그런 여유를 볼 수 있었거든요.[2]

고병권의 강의가 재소자들에게 와 닿은 건 그의 학식이나 달변 때문만은 아니다. 그의 강의에는 그의 삶이 배어 있었다.

그렇다고 이것을 자신의 구원받은 삶을 아직 구원받지 못한 사람들에게 전파하는 것으로 이해해서는 안 된다. 책 속의 인문학이든, 인문학자의 삶이든 그것을 가지고 현장에 전파하러 간다는 생각을 바꿔야 한다. 인문학과 현장의 결합은 서로 떨어져 있는 것을 근접시키는 게 아니라, 인문학 자체의 현장과 현장 자체의 인문학을 발견하는 것이다.

이를 위해서는 인문학의 정의를 바꿔야 한다. 19세기에 출현한 인문학이 지식과 권력의 차원에서 '인간'을 구성했다면, 21세기의 인문학은 '인간'을 해체하는 앎의 실천이어야 한다. 인문학의 고유한 물음, 즉 '인간이란 무엇인가?'라는 물음은 여전히 유효하다. 그러나 그 질문은 '인간의 본질'을 찾기 위해서가 아니라 그것을 의문에 부치는 질문이어야 한다. 지금의 인문학은 19세기에 탄생한 '인간', 즉 사유 주체로서의 인간, 법적 주체로서의 인간, 유기체로서의 인간, 말하는 존재, 노동하는 존재로서의 인간, 오롯한 '개인'으로 존재하는 인간을 만들기 위한 게 아니다. 오히려 그런 '인간'의 범주에 속하지 못하고, 그래서 사람대접을 못 받는 자들, '인간의 영토' 바깥으로 추방된 자들이 '여기 사람이 있다.'고 외칠 때 그 외침에 응답하여 '도대체 인간이란 무엇인가?'라고 묻는 인문학이다. 푸코의 말처럼 언젠가는 인문학과 "인간이 마치 해변의 모래사장에 그려진 얼굴이 파도에 씻기듯 이내 지워지게"[3] 될 날이 오겠지만, 아직은 아니다. 지금은 '인간이란 무엇인가?'라는 인문학적 질문을 인간의 범주를 해체하는 질문으로 사용할 때다. 역설적으로, 지금 우리의 인문학은 '인간'과 '인문학'

박정수

의 소멸을 향한 앎의 실천이어야 한다.

따라서 인문학의 현장은 근대적 '인간'의 영토에서 추방되어 사람대접 못 받으면서도 '여기 사람이 있다.'고 외치는 사람들의 삶, 그래서 '도대체 인간이란 무엇인가?'라는 질문이 급진적으로 제기되는 시간과 장소다. 인문학자는 그 질문을 '진압'하기 위해서가 아니라 '진전'시키기 위해, 즉 법적으로, 제도적으로, 미시 권력으로, 경험과학의 틀로 정의된 '인간'의 경계를 비판하고, '인간' 개념을 넓히기 위해서가 아니라 해체하기 위해 노력해야 한다.

우리가 장애인, 재소자, 탈성매매 여성, 외국인 노동자, 노숙인, 철거민과 함께 인문학을 하려는 이유는 그들의 강퍅한 영혼을 인문학으로 위로하기 위해서가 아니라 그들이 처한 비인간적인 처지가 '도대체 인간이란 무엇인가?'라는 인문학적 질문을 던지게 만들기 때문이다. 법의 바깥, 국민의 바깥, 시민의 바깥, 정상인의 바깥, 합리적 개인의 바깥에 내쳐진 날것의 삶에서 어떤 탈-휴머니즘적 인간과 인간학이 생성하는지 사유하고 실험하고 발명하기 위해서다. 현장 인문학은 인문학을 가지고 현장으로 가는 것이 아니라 '인문학의 현장'을 발견하기 위한 것이다.

인문학이 '인간'이라는 근대적 개념에 근본적인 의문을 제기하고, 그런 의문이 제기되는 현장에서 탈-근대의 비전을 찾는다고 할 때 이것은 1970, 1980년대 '현장'으로 투신한 인민주의자들 내지 마르크시스트들의 비전과 유사한 게 아닐까? 지식인이 도래할 민중의 현장으로 뛰어든다는 점에서는 비슷

하다. 하지만 1970, 1980년대의 인문학자들이 가졌던 '지식'
의 신비와 다른 한편의 '노동'의 신비가 우리에게는 없다. 우
리 현장 인문학자들은 '포기'할 특권도 없고 '투신'의 비장함
도 필요 없다. 경제적으로 우리의 지식노동은 다른 노동과 마
찬가지로 불안정성과 저임금의 시련에 처해 있다. 지식인으로
산다는 것은 뭔가 특별한 게 아니라 '배운 게 도둑질이라서'에
가깝다. 우리의 인문학은 일차적으로 우리 자신의 삶을 구원
하기 위한 것이지 '저기'에 있는 민중을 구원하기 위해 전수할
뭐(마르크스주의의 교의든 종교적 신앙이든)가 아니다. 우리가 가
야 할 현장은 우리 '아래'(혹은 '저기')에 있는 게 아니라 우리
'옆'(혹은 '안')에 있다. 우리의 인문학적 지식은 현장의 사람
들 위로 쏟아져 내려올 계몽의 빛이 아니라 다른 삶의 기술들
보다 더 낫지도 못하지도 않은 '사유의 기술'일 뿐이다.

4
인문학, 그 실수와 방황의 여정

하지만 인문학의 현장은 종교적 신성함과는 다른 의미의 '신
비'를 갖고 있다. (인)문학의 현장은 어떤 특성을 가진 장소가
아니라, (인)문학적 '사건'이 발생하는 시간의 장이다. 그것은
과거–현재–미래로 이어지는 시간의 선이 끊어져 '지금'(現–)
마치 역사가 끝난 것 같은 종말의 체험이며, '나'의 정체성이
붕괴되어 내가 비인칭의 공간(–場)으로 사라진 것 같은 죽음

박정수

의 체험이다. (인)문학의 현장은 내가 '나'의 '세계'로부터 추방된 것 같은 신비 체험이다. 블랑쇼가 '문학의 공간'에 대해 했던 이런 이야기[4]는 인문학 전체에 적용된다. 블랑쇼가 문학의 공간은 "우리가 자신이라고 믿는 '나'가 얼굴 없는 '그'라는 중성 속에 침몰함으로써 자신을 확인하는 시간, 시간 부재의 시간"(27쪽)을 체험하는 공간이고, "자기가 추방당하는 것 같은"(66쪽) 비인칭의 공간으로 들어가는 체험이라고 말할 때 그것은 인문학의 현장에서 일어나는 사건을 묘사하는 말처럼 들린다.

철학이나 사회과학이 있음에도 굳이 문학에서 인문학의 현장을 발견하고자 하는 것은 문학이 표현하는 '삶의 잉여성' 때문이다. (인)문학은 '지혜'든 '이념'이든 어떤 목표 달성을 본질로 갖지 않는다. 오히려 (인)문학은 '목적'에서 빗겨가는 삶의 궤적을 표현하는 데서 자신의 본질을 발견한다. 블랑쇼의 표현을 빌리면 (인)문학의 현장은 진리의 목적을 빗겨가는 '실수'의 시간이며, 목적지(고향, 이상향)를 빗겨가는 '방황'의 공간이다. 실수─방황이라는 부정적인 체험 안에는 긍정적인 생성이 잠재해 있다. 어떤 진리의 땅에도 머물지 않겠다는, 어떤 목적의 세계에도 정착하지 않겠다는 유목의 의지가 있다. 그것은 진리와 목적에 귀속된 이념과 표상의 세계를 항상 넘쳐나는 삶의 잉여성, 혹은 삶의 복수성을 표현하는 의지다.

인문학 현장에서 경험하는 실수─방황은 우선 강의의 실수와 방황이다. 대학이나 연구실 강단에서 강의할 때와 현장에서의 강의 경험은 굉장히 다르다. 촛불 봉기의 광장에서, 이랜

드 비정규직 농성장에서, 문신투성이의 장기수들 앞에서, 탈성매매 여성들 앞에서, 뇌병변 장애로 온몸을 비트는 중증 장애인들 앞에서, '호르몬 덩어리' 같은 빈곤 지역 공부방 청소년들 앞에서 강의를 하는 것은 문자 그대로 실수와 방황의 연속이다.

강의 요청이 들어온 순간부터 '나'의 세계는 흔들린다. 아직 만나지도 않은 '그들'이 상상 속에 먼저 들어와 나의 강의 계획을 뒤흔든다. '그들'은 나의 말을 어떻게 이해할까? 나는 '그들'의 말을 이해할 수 있을까? 혹시 나의 말 전체를 거부하면 어쩌지? 혹시 내가 답할 수 없는 질문을 하면 어쩌지? 나는 '그들'을 알지 못하는 게 아닐까? 알지 못하는 '그들'에게 도대체 무슨 말을 할 수 있을까? 이런 염려로 긴장하고 헤맨다. '평화 인문학'을 할 때 특히 그랬다. 게다가 사전에 재소자들과 만나 서로에 대해 알아가는 시간을 가질 수 없고 강의 중간에 터놓고 얘기할 시간도 제약된 상황에서, 교도관이 지켜보고 내부 권력의 위계질서 속에서 서로를 알아간다는 것은 거의 불가능해 보였다. 그럴 때 취할 수 있는 가장 안일한 해법은 그들의 타자성을 무시하는 것이다. '귀 있는 자들은 들을지어다' 식으로 내가 하고 싶은 말만 열심히 하는 것이다. 어쩌다 자기 삶의 어떤 절실함으로 그 원거리 메시지에 감화를 받는 기적이 일어나기도 하지만 대부분은 실수와 방황으로 끝난다.

강의 진행 과정에서도 실수와 방황은 이어진다. 설사 치밀한 강의 계획을 세웠다 하더라도 나의 의도와 계획은 무산된다. 나의 말이 어디를 향하는지, 누구에게 가 닿는지 종적을 알 수 없게 되기 십상이다. 나는 '나(ego)'의 세계에서 추방되어 '타자(the other)'의 세계로 던져진다. 학교 강단의 학생이나 연구실 강의 수강생들은 "저 말은 누구의 견해와 비슷하군." 혹은 "저 개념은 누구의 개념과 아주 상반되는군." 하며 개념적인 반응을 하지만, 현장의 사람들에게는 개념이 통하지 않는다. 개념은 무시무시한 침묵의 벽에 부딪히거나 무수한 소음 속에서 의미를 상실한다.

노들야학 사람들과 푸코의 책을 함께 읽을 때 그랬다. 나는 푸코의 책이 장애인이나 장애인 인권 활동가들에게 쉽게 읽힐 거라고 생각했다. 왜냐하면 푸코의 책이 말하고자 하는 것은 결국 정상과 비정상을 나누는 기준이 어떻게 정상인에 대한 훈육과 비정상인에 대한 차별의 권력을 낳았는지에 대한 것인바, 평생 비정상인(장애인)으로 규정받으면서 차별받고 추방당해온 노들야학 사람들은 푸코의 개념을 경험적으로 이해할 거라고 여겼기 때문이다. 하지만 노들야학 사람들은 푸코의 결론에 도달하기 위해 가로질러야 할 개념과 논리의 숲 속에서 방황하며 고통스러워했다. 아무리 이 개념과 논리의 말들은 별거 아니라고, 당신들의 체험과 감각이 푸코가 말하려는 바로 그것이라고 말해도 그들은 개념적 사유 안에서 어쩔 줄 몰라했다. 결국 6개월간의 집중 세미나 과정에서 절반 정도가 중도 탈락했고, 마지막까지 참여한 사람들도 무엇을 배웠는지 잘 모르겠다거나 결국 권력이 나쁘다는 거 아니냐며 푸코의 논의를 단순화시켰다. 개념과 논리의 숲에 익숙한 나의 자만

심만이 오롯이 드러난 세미나였다.

하지만 그 방황의 숲 속에서 빛나는 통찰의 순간도 있었다. 중간 에세이 시간에 발표한 글들 중에는 무릎을 치게 만드는 놀라운 문장들이 있었다. 다음은 '장애여성공감' 상임대표이자 진보신당 전 부대표였던 박김영희 선생님의 에세이 중 일부다.

사법권 안에 장애인이 없다는 것을 절실히 느낀다. 정상적인 신체를 가진 사람들만이 갈 수 있는 곳이 유치장이고 감옥이다. 휠체어로 갈 수 없는 그곳은 장애인이 수감되면 환자 취급당한다. 감옥인데 병원 침대에 눕혀놓고 수감자 중 군기필자나 모범수가 간병하라고 한다. 유치장에 전동 휠체어가 들어갈 수 없어 힘들었던 순간, 조사 받으러 여기저기 경찰서로 옮길 때 죄수 호송 차량에 리프트가 설치되지 않아 콜택시를 부르느라 하루 종일 조사받아야 했던 순간 …… 사법부가 장애에 대한 이해가 없어서 장애 여성 성폭력 피해자를 보호해주지 못하는 문제 …… 법정에도 장애인 접권권이 원활하지 않은 점. 죄의 대가로 장애를 가졌고, 그래서 학교도, 직장도 정상적 신체로 관리되는 것을 경험하지 못했던 나의 신체는 푸코의 해석에 따르면 이런 나의 비정상 신체가 그들에겐 당황스러운 존재라고 한다. 당황스러운 나의 신체가 과연 관리되지 않는다고 해서 무엇을 만들어낼 것인가.

'경찰서에도 장애인은 없다.' 우리 사회가 비장애인을 기준으로 이뤄져 있음을 이것만큼 뚜렷이 보여주는 사례가 또 있을까. 그동안 장애인은 사법권으로부터도 배제되어왔다. 장애인들의 권리 투쟁이 활발해지면서 뒤늦게 장애인도 사법적 주체(대상)가 된 것을 기뻐해야 할까, 슬퍼해야 할까. 법 바깥에

박정수

존재해온 장애인이 법 안으로 들어올 때, 정상 사회의 법적 패러다임은 말단부터 당혹스러워진다. 장애인의 고통도 '비정상성'에서 비롯되지만 장애인의 해방 역시 비정상성에서 비롯된다. 그들의 비정상적 존재 자체가, 투쟁의 비정상성 자체가 장애인권 투쟁을 급진적으로 만드는 동력임을 이 글을 통해 알게 되었다.

　다음 글은 뇌병변 장애인 김호식이 부르고 활동 보조인이 받아 적은 것이다. 그는 예전에 이진경 씨가 마르크스에 대해 강의할 때 모든 질문을 혼자 맞춰서 한동안 '마르크스 호식'이라고 불렸으며 니체 강의와 루쉰 세미나에도 흠뻑 빠져 '니체 호식', '루쉰 호식'이라고 불리기도 했다. 철학을 좋아하지만 이상하게 한글은 배우기 싫어 아직까지 책을 읽지 못한다.

유리로 되어 있는 감옥이 있다면 어떨 것이냐에 대해서, 교정과 그 감방 안에서의 것들이 실현이 되지 않은 감옥이지만, 실현이 되었다면 어땠을까 생각해봤다. 단 한 사람만 집어넣고 동물원의 구경거리처럼 보는 것, 그것은 옳지 않은 짓이다. …… 차라리 옛날 형벌(신체형)이 낫다고, 그런 것들이 감금과 구속보다 낫다고 생각한다. 규율과 권력이라는 게 감옥에서뿐만 아니라 학교, 공장, 가정 내에서도 존재하는데, 규율 권력에서 벗어나고 싶은 사람은 가정 내에서도 광인 취급을 받고 있다.

　마지막 "가정 내에서도 광인 취급을 받고 있다."는 구절이 걸려서 어떻게 광인 취급을 받았는지 말해줄 수 있냐고 물어봤다. 그랬더니 "시도 때도 없이 크게 웃는다고 형한테 미친

놈 소리 들었다."고 더듬거리며 대답했다. 어찌 된 영문인지 몰라 어리둥절하고 있는데, 다른 장애 학생 분들이 보충해준다. 얘기인즉, 뇌병변 장애인들은 보통 사람들보다 웃음의 진폭이 높고 길다는 것이다. 별로 안 웃긴데도 파안대소를 터뜨리고 남들이 웃음기를 정리하는 중에도 여전히 웃고 있어 핀잔을 들을 때가 많다는 거다. 물론 그래서 뇌병변 장애인들 무리에 있으면 항상 기분 좋다는 사람도 있다. 이 글을 읽고, 아내 생각이 났다. 장애 등급은 없지만 '정서장애'라 불러도 좋을 만큼 보통 사람보다 과격하게 웃고 울고 두려워하고 흥분한다. 그래서 영화를 볼 때마다 주위 사람들의 따가운 눈총을 받곤 한다. 장애(비정상)는 생물학적, 의학적 규정이 아니라 감각적, 사회적 규정임을 확인하는 글이었다.

전반적으로 어려웠다는 평가가 내려진 푸코 이후, 다음 세미나 텍스트는 내용이 쉽고 분량도 적은 것으로 하기로 마음먹었다. 문득 예전에 연구실에서 함께 읽은 루쉰의 소설과 잡문이 생각났다. 세미나 방법도 독해만 하는 게 아니라 인상 깊은 구절을 노트에 베껴 쓰고 자기 감상 덧붙이기, 소설을 연극으로 꾸며보기, 잡문 중에서 가장 마음에 드는 거 골라서 암송하기 등 다채롭게 해보자는 제안도 있었다. 그렇게 해서 시작된 루쉰 세미나는 나로 하여금 '문학'의 힘을 다시 깨닫게 했다. 노란들판 사람들은 루쉰의 문장들을 그 어떤 루쉰 연구자보다, 그 어떤 문학평론가보다 멋지게 독해했다. 그들은 루쉰을 민족주의, 계몽주의, 공산주의 같은 '이념'의 잣대로 읽지 않았다. 이념의 잣대로는 비난받아 마땅한 사람들, '아Q' 같은 우매한 민중, '공을기' 같은 시대에 뒤처진 전통적 지식인, 〈고독자〉의 '위연수' 같은 자폐적 근대 지식인, 한마디로 '루저'들의 삶에 애정 어린 시선을 보냈다. '지독한 고집', '앞뒤를 재지 않는 곤조' 같은 태도에 박수를 보냈다. 그들은 손쉽게 희망을 말하지 않고 절망을 절망할 때까지 암흑 속을 더듬거리며 길을 만드는 루쉰의 삶과 사상에 흠뻑 빠져들었다. 루쉰의 첫 번째 소설집 《납함》의 〈自序〉를 읽고 노들야학의 교장인 박경석은 이렇게 말했다.

장애를 얻어 몇 달간 루쉰의 적막과 같은 '무감각' 속에서 골방에 틀어박혀 살았다. 그러곤 못 살겠어서 장애인도 사람이라고 외쳐댔다. 하지만 낯선 사람들 속에서 나 혼자 아무리 외쳐도, 찬성도 반대도 아닌 적막만이 돌아올 뿐이었다. 절망의 바닥까지 가지 않고서야 어떻게 희망을 말할 수 있을까. 그동안 노들 친구들과 함께한 외침이 용맹한 것인지, 슬픈 것인지, 가증스러운 것인지, 가소로운 것인지 생각해볼 마음의 여유는 없다. 그래도 우리는 "없는 길을 만들며 조금 더 나아가지 않았냐."라고 말하고 싶다.

　　루쉰을 읽으면서 나는 노란들판 사람들의 '삶'을 보기 시작했다. 그들의 '구호'만이 아니라, 그들의 '투쟁'만이 아니라, 그들의 과거와 일상과 관계와 웃음과 눈물이 보였다. 노란들판이 그저 못 배운 장애 성인들의 '夜學'이기만 한 게 아니라, 장애인의 인권을 쟁취하기 위해 투쟁하는 '운동 단체'이기만 한 게 아니라, 일상을 공유하고 연애하고 다투고 꿈을 나눠 꾸는 '공동체'인 게 보였다. 언젠가 나도 저들 속에 있고 싶다는 생각이 들었다.

루쉰의 문학은, 아니 문학 일반은 인간의 삶을 목적과 이념의 프리즘으로 보지 않는다. 오히려 진리와 목적을 비껴가는 실수와 방황의 과정을 주목한다. 문학은 진리의 '세계', 목적의 '고향' 바깥의 대지, 실수와 방황, 적막과 암흑의 사막을 표현한다. 그 바깥의 대지에는 '함께-존재-함'의 사건이 발생하는 공동체적 삶이 있다. 노란들판에서 루쉰을 읽으면서 나는 문학과 정치, 문학과 외부, 문학과 공동체의 연관을 어렴풋이 느끼고 있다.

(인)문학적 실수-방황은 인문학자뿐 아니라 현장 사람들에게 일어나야 하는 사건이기도 하다. 현장의 삶은 인문학자의 개념을 기다리는 날것의 삶이 아니다. 법으로부터 추방되었기에 그들은 더욱더 법에 호소하고, 권리를 박탈당했기에 그들은 더욱더 권리에 얽매이며, 지배 권력의 폭력에 희생되었기에 더욱 지배의 욕망에 사로잡혀 있다. 가령, 시설에서 자유를 빼앗긴 생활을 오래하다 탈출한 장애인들은 '개인'의 '자유'에 목말라한다. 누구에게도 간섭받지 않고 혼자 살 집, 어떤 규제도 받지 않고 타락할 자유까지 누리는 생활을 갈망한다. 이런 장애인에게 공동체적 삶의 가치를 강의하는 건 정말 쉽지 않다. 시민적 삶의 불평등과 자본주의적 소비의 폭력성에 대해 아무리 설명해도 그들은 일단 시민적 자유, 개인적 욕망을 맘껏 누려보겠다고 한다. 법적 권리를 박탈당한 사람들에게 아무리 권리 자체가 자율의 능력을 가져다주지는 않는다고 말해도, 법적인 억압보다 미시 권력이 훨씬 폭력적이고 타파하기

힘들다고, 제도적 개선은 일상생활의 습속과 문화를 개혁하는 조건일 뿐이라고 말해도 그들은 권리 투쟁 너머를 사유하지 않는다.

인문학은 그런 사람들을 국가와 법 바깥의 사막, 이념적이고 제도적인 목표의 바깥, 그 실수-방황의 사막으로 추방시켜야 한다. 돈과 권력(권리), 자본과 국가라는 진리-목적의 땅에서 탈주케 해야 한다. 남들과 동일한 권리가 최종 목적지가 되어서는 안 된다고, 그 너머를 사유해야 한다고, 목적의 세계 바깥, 세계 바깥의 사막에서 유목해야 한다고 설득해야 한다. 하지만 어떻게? 한두 번의 강의로는 절대 안 된다. 끈기 있는 프로그램이 필요하다. 인문학자의 실수-방황과 가난한 사람들의 실수-방황이 동시에 일어나는 공동-추방의 프로그램을 만들어야 한다.

5
인문학적 공동체를 만들자

(인)문학은 목적을 빗겨가는 실수와 방황의 연속에서, 그 부정성의 심층에서 솟아나는 타자와의 만남이다. 타자는 단지 '다른 사람'이 아니다. 타자는 절대적으로 '다른 것', '다른 세계', '세계'라고 할 수도 없는 세계, 현실 세계든 목적하는 세계(이상향)든 세계 자체의 바깥, 영원히 목적(세계)을 빗겨가는 실수-방황의 사막이다.

(인)문학의 현장이 실수–방황의 사막인 것은 (인)문학의 본질이 삶의 심층으로 파고드는 데 있기 때문이다. (인)문학은 법과 진리, 목적과 이념(표상)을 빠져나가는 삶의 심층을 파고들면서 그로부터 솟아나는 단절과 연결과 생성의 사건을 표현한다. 그 실수–방황의 사건, 단절과 생성의 사건은 (인)문학 텍스트 속에 표현될 뿐 아니라 (인)문학적 삶 속에서 표현되어야 한다. 그러기 위해 인문학자는 천상에서 지상으로 내려오는 게 아니라, 목적의 표상에서 삶의 심층으로 파고들어야 한다.

　따라서 현장의 인문학자는 '미네르바의 부엉이'가 아니라 '지하 생활자의 두더지'여야 한다. 두더지에게 필요한 것은 자유가 아니라 탈출구다. 자유는 이념의 표상일 뿐이다. 중요한 것은 삶의 심층에서 탈출구를 찾는 것이다. 암흑 같은 절망만이 보일지라도, 절망을 절망하며 탈출구를 찾는 것이 (인)문학적 태도다. 삶의 심층에 무수한 통로를 내고, 그 통로들을 연결하고, 표면으로 솟아나고, 심층에 구멍을 내는 것이다.

　인문학의 현장은 이중으로 추방된 공간이다. 그곳은 법으로부터 추방된 사람들의 공간이면서 인문학자의 목적(이념)으로부터 추방된 절대적 삶의 대지다. 근대 휴머니즘의 영토에서 추방된 우리 인문학자들은 사회에서 추방되어 '존재의 결핍'에 시달리는 사람들을 사유의 세계로 다시 추방해야 한다. 우리 인문학자들은 그들을 데리고 동굴 바깥의 관념(idea) 세계로 나오는 게 아니라, 그들과 함께 삶의 심층에 구멍을 뚫는 사유, 탈출구를 찾는 연구과 놀이를 해야 한다.

　5월 13일, 쥐 그래피티 사건에 대한 최종 선고를 받았다. 지금까지 일관된 검찰의 논리는 단순하다. 그래피티 '아트'라고 우기지만 불법행위가 아니냐. 그것도 단순 경범죄가 아니라 국가 행사를 조직적으로 방해하고 공용물을 파손한 중범죄라는 것이다. 예술이냐 아니냐를 불법성 여부로 가리는 것도 납득키 어렵고, 내가 구체적으로 G20 행사를 어떻게 방해하고 무엇을 파손시켰다는 건지 이해할 수도 없지만, 법적으로는 그렇다고 한다. 법정에 선 만큼 법을 존중하고 법의 논리에 복종하라는 얘기인데, 몸은 법정에 섰을지라도 나의 영혼은 아직 법 앞에 서성이고 있다. 마치 카프카의 소설 〈법 앞에서〉에 나오는 시골 사람처럼.

법 앞에 한 문지기가 서 있다. 이 문지기에게 한 시골 사람이 와서 법으로 들어가게 해달라고 청한다. 문지기는 지금은 그에게 입장을 허락할 수 없다고 한다. 시골 사람은 법 안을 기웃거리기도 하고 문지기에게 간청도 해보지만 문지기의 으름장에 주눅이 들어 오랜 세월 법 앞에 서성이기만 한다. 그렇게 법 앞에서 늙어 죽게 될 즈음, 시골 사람은 문지기에게 묻는다. 왜 나 이외에는 아무도 입장을 허락받으러 오지 않느냐고. 그러자 문지기가 말한다. "이곳에서는 너 이외에는 아무도 입장을 허락받을 수 없어. 왜냐하면 이 입구는 단지 너만을 위해서 정해진 곳이기 때문이야. 나는 이제 가서 그 문을 닫아야겠네."

시골 사람의 어리석음과 용기 없음을 한탄할 수도 있겠지만, 아감벤은 다르게 읽는다. 법 안으로 들어가지 않고 끝까지 법 앞에서 버틴 시골 사람의 태도야말로 법에 저항하는 가장 급진적인 전략이라고. 그의 끈질긴 기다림으로 결국 법의 문은 닫혀버렸으니까. 그는, 메시아가 그랬듯이, 삶에 대한 율법의 지배를 종식시켜버렸다. 법 바깥의 삶에서 구원을 찾는 것. 그러기 위해 시골 사람이 법 앞에서 한 게 있다. 바로 '연구'다. 아이처럼 유치하게, 문지기에 대해 끊임없이 연구하여 모피 깃에 붙어 있는 벼룩까지 알아볼 수 있게 된 것이다.

나는 법정 안에 서 있겠지만 그러는 동안에도 나는 법 앞에서, 법 바깥에서 연구할 것이다. 문지기들의 옷깃에 붙어 있는 '권력의 벼룩들'의 움직임과 종류를 세세하게 연구할 것이다. 물론 법의 심판을 받겠지만, 나의 영혼과 삶은 늙어 죽을 때까지 법 앞에 두겠다. 아직 법을 모르는 어린아이처럼, 그저 삶을 연구하며 놀겠다. 법 바깥에 추방된 사람들과 함께.

(인)문학적 추방은 '함께com-' 일어나는 사건이다. 인문학적 사건은 추방의 현장에 있는 사람들이 '함께' 만들고, 함께 나눠 갖는 것이다. 그래서 인문학의 현장은 '공동체community'로 정의되어야 한다. 그 공동체는 어떤 목적이나 근거로 묶인 집단이 아니다. 오히려 그것은 목적이나 근거의 상실 속에서 발생하는 '함께-존재-함'의 사건을 나눠 갖는 것이다. 오직 사건을 나눠 갖는 것으로만 현존하는 공동체, 어떤 목적(근거)의 표상이나 동일성의 표상으로는 언명할 수 없는 공동체, 인문학은 그런 '밝힐 수 없는(inavouable)' 공동체를 현장으로 삼는다.

추방된 사람들과 인문학자들은 이런 공동체를 만들어야 한다. (인)문학적 공동체는 물리적 근접성이나 이념(목적, 근거)

박정수

적 동일성으로 형성된 집단이 아니라, 스스로를 세계로부터 추방시키는 사건의 나눠 가짐으로 체험되는 공동체다. 이것은 인문학자들이 가난한 사람들과 같이 살거나 수유+너머가 노들야학이나 W-ing과 조직적으로 합치는 문제가 아니다. 그것은 그들과 함께 추방과 탈주의 사건을 함께 만들고 나눠 갖는 문제다. 섣부른 통합은 목적의 세계, 동일성의 세계로 포획될 수 있다. 언제나 '목적'에서 빗겨가는 (인)문학적 공동체는 풍요로운 '거리'와 이질성을 품고 있어야 한다. 그렇다고 가만히 앉아서 사건을 기다려서는 안 된다. 봉기가 일어날 때 비로소 '연대'를 외치는 것도 허망한 노릇이다. 사건은 강렬한 삶의 공유 속에서, 일상적인 교류와 추방(탈주)의 나눠 가짐 속에서 발생한다.

추방된 자들의 (인)문학적 공동체를 위해 인문학자는 스스로 공동체가 되어야 한다. 사유의 기술을 연마하는 사람들의 공동체, 삶의 심층에 사유의 구멍을 뚫는 두더지들의 공동체를 만들어야 한다. 그 인문학자들의 공동체는 사유의 탈영토성을 무기로, 개별적으로 삶의 심층에서 탈출구를 찾고 있는 사람들의 구멍을 연결해야 한다. 그 통로들의 네트워크를 통해 문제를 소통시키고, 기술을 소통시키고, 기술자들을 소통시켜야 한다. 그래서 지하 생활자들의 땅굴 네트워크, '지도에 없는 세계'를 만들어야 한다. 수유+너머들과 빈집들, 노들장애인야학, W-ing, 빈곤 지역 청소년 공부방, 외국인 노동자 방송국, 그 외 n개의 구멍으로 삶의 탈출구를 뚫고 있는 공동체들의 공동체, 지도 위의 점으로는 포착할 수 없는 공동체, 그러나 사람과 기술과 사유의 소통으로 분명한 힘과 실재성을 갖고 있는 공동체를 만들어야 한다. 인문학자들은 그 '지도에 없는 도시'의 지도 제작자가 되어야 한다.

주

1   고병권, 〈앎은 삶을 구원할 수 있는가〉, 《추방과 탈주》, 그린비, 2009, 159쪽.

2   같은 책, 147쪽.

3   M. 푸코, 이광래 옮김, 《말과 사물》, 민음사, 1980, 440쪽.

4   M. 블랑쇼, 박혜영 옮김, 《문학의 공간》, 책세상, 1990.

손 기 태

6 인문학은 위험한 존재를 만들 수 있는가

'희망의 인문학'이 가르쳐준 희망?

손기태　　　대학에서 신학과 종교학을 공부했다. 일찍부터 '수유+너머'와 인연을 맺은 덕분에 좋은 친구들을 만나고 이들로부터 많은 것을 배우는 행운을 누리게 되었다. '스피노자'로 공부를 시작한 이후로, 신학과 철학, 그리고 종교는 언제나 나의 관심사 한가운데 자리를 차지해왔다. 최근에는 바울의 정치신학에 관해 새롭게 조명하려는 시도들에 주목하고 있다. 현재 서울과학기술대학교 강사, 노마디스트 수유너머N 연구원으로 활동하고 있다.

잘 알려진 대로 얼 쇼리스의 《희망의 인문학》은 한국 사회에 인문학 열풍이 일면서 그 대명사처럼 소개된 책이다. '가난'을 단순히 빵의 문제로 볼 수 없으며 그보다는 '정치적 삶'에 관한 문제로 보아야 한다는 이 책의 주장은 사람들에게 적잖은 공감을 불러일으켰다. 가난한 사람에게 정말로 필요한 것은 어떤 '복지 혜택'이나 '직업훈련'이 아니라, 그들을 우리 사회에서 '정당한 권리'를 지닌 시민, 떳떳한 사회 구성원으로 자리매김하도록 돕는 일이라는 것이다.

이 책에서도 언급된 것처럼, 그동안 인문학은 좌파나 우파에서 외면당해왔다. 좌파에서는 인문학을 배부른 부르주아들의 소일거리처럼 치부했고, 우파에서는 학습 능력이 부족한 가난한 사람들에게 인문학보다는 '직업훈련' 같은 사회 적응 프로그램이 더 필요한 것으로 간주했다. 가난한 사람들에게 인문학 교육을 하자는 쇼리스의 주장은 좌파와 우파를 막론하고 아주 황당한 발상으로 여겨졌던 것이다. 인문학은 어디까지나 교양 있는 엘리트들의 전유물이 아니었던가. 그런 점에서 '가난한 사람들에게 인문학을!'이라고 외치는 쇼리스의《희망의 인문학》은 그간의 인문학에 대한 통념을 깨뜨렸을 뿐만 아니라 '가난'에 대한 통념까지도 고치도록 하는 일종의 '기여'를 했다고 할 수 있다.

1
'희망의 인문학' 이라는 현상

오늘날 한국 사회에 '인문학 열풍'이 분다는 것은, 그것도 가난한 사람을 대상으로 하는 인문학 강좌가 급속히 증가하고 있다는 사실은 분명 이례적인 일에 속한다.《희망의 인문학》에서 소개된 클레멘트 코스는 2005년도에 국내에 도입되어 운영되기 시작했는데, 성공회대에서 주관하는 성프란시스 대학은 노숙자들을 대상으로 하여 첫 입학생을 받아 현재까지 6기 졸업생을 배출했다. 광명시 평생학습원에서도 광명 시민대학을 개설하여 기초생활수급권자를 대상으로 인문학 교육을 진행했고, 서울 중계동 임대아파트 주민을 대상으로 하는 노원 성프란시스 대학 인문학 과정도 개설되었다.■ 또한 관악인문대학과 같이 자활지원 저소득층을 위한 인문학 강좌도 만들어졌다. 그 밖에도 장애인, 탈성매매 여성, 재소자, 탈북 이주민

등을 위한 각종 인문학 코스가 개설되었다. 이러한 인문학 열풍의 진원지 역할을 한《희망의 인문학》은 오늘날 한국 사회에서 하나의 '책'을 넘어서 사회적 '현상'이 되었다고 말할 수 있을 것이다.

소외 계층에게 꿈과 희망을 심어주는 인문학. 사회에서 소외되고 배제되어온 사람들이 당당한 시민으로 살아가도록 이끌어주는 인문학. 그동안 한국 사회에서 진행되어온 여러 유형의 '클레멘트 코스'들은 수강생들의 감동적인 사연을 담은 일종의 아름다운 인간 드라마이기도 했다. 시민들 역시 노숙자들이 조금씩 '일반 시민'으로 '변화'하는 과정을 지켜보면서 이들에게 아낌없이 박수를 보내곤 했다.

하지만 우리는 이러한 인문학이 과연 누구를 위한 것이며, 무엇을 위한 것인지 질문을 던지고자 한다. 클레멘트 코스를 처음 시작했던 쇼리스는 인문학 교육을 통해 '가난한 사람'들을 사회의 한복판으로 이끌어내고, 이를 통해 그들을 사회에 위협이 되는 '위험한 존재'로 바꾸고자 했다. 그러나 과연 이를 통해 그들을 '위험한 존재'가 되도록 만드는 것이 가능했던 것일까? 한국 사회에서 진행된 클레멘트 코스는 오히려 인문학을 통한 소외 계층의 자활 프로그램에 더 가까웠던 것으로 보인다. '사고나 칠 위험'이 있는 존재들을 '온건한 존재'들로

■　연구공간 수유+너머도 '현장 인문학'이라는 이름 하에 앞서 언급한 '성프란시스 대학'과 성매매 여성을 위한 '인문학 아카데미', 교도소 재소자와 같이하는 '평화 인문학', 장애인들과 함께하는 '노들 인문학 강좌' 등에 참여한 바 있다. 이에 관해서는 고병권의 〈'앎'은 '삶'을 구원할 수 있는가〉,《추방과 탈주》, 그린비, 2009를 참조할 것.

바꾸는 것에 주안점을 두었던 것은 아닌가? 과연《희망의 인문학》은 어떤 희망을 우리에게 가르치고 있는 것일까?

2
'희망의 인문학'이 말하는 '정치적 삶'

가난한 사람들에게 생존을 위한 기술, 이를테면 직업훈련과 같은 기능적인 교육보다는 자신의 삶과 사회에 대해 성찰하도록 하는 인문학 교육이 더 절실하다는 쇼리스의 주장은 우리로 하여금 가난에 대해 전혀 새롭게 바라보도록 해주었다. 가난한 사람들이 겪고 있는 가난은 빵의 결핍 때문이 아니라 사회적 관계망의 단절에서 오는 것이라는 점을 일깨워준 것이다. 가난한 사람들에게 빵을 주는 것만으로는 그들을 가난으로부터 벗어나게 할 수 없다. 오히려 박탈된 사회적 관계망을 복구시키는 것이 그들을 가난으로부터 벗어나도록 하는 근본적인 해결책이라는 것이다.

쇼리스가 클레멘트 코스를 시작할 때 목표로 두었던 것은 가난한 사람들을 '정치적 삶', '공적 세계'로 이끌어내는 것이었다. "인문학을 통해 가난한 사람들을 가족에서 이웃과 지역사회로, 그리고 한 걸음 더 나아가 국가로 이어지는 '공적 세계', 정치적 삶으로 이끌어내는 것"이다.[1] 이는 또한 가난한 사람들을 정상적인 시민으로 세우는 것을 의미하기도 한다. '정치적 삶'을 살아갈 때에야 비로소 진정한 의미에서의 '시민'이 될 수 있기 때문이다(35쪽). 따라서 '정치적 삶'이란 현실 세계에서 자신들의 의사를 표시하기 위해 무력을 사용하지 않아도 될 만큼, 합법적인 방식으로도 충분히 자신들의 영향력을 행사할 수 있는 사회적 시민권을 획득하는 것이다. 2006년 한국을 방한한 그는 한 언론과의 인터뷰에서도 "클레멘트 코스는 힘에 의한 권력에서 민주적으로 통제되는 정당한 권력을 갖게 하는 과정"이라고 밝힌 바 있다.[2]

쇼리스가 강조하듯이, 그가 말하는 '정치적 삶'은 고대 그리스의 정치를 그 모델로 두고 있다. 고대 그리스에서 삶의 영역은 도시를 의미하는 폴리스(polis)와 가정을 가리키는 오이코스(oikos)로 구분된다. 한나 아렌트에 따르면, 오이코스는 가정경제(오이코노미아)와 같은 사적인 영역에 해당되는 것으로 생존에 얽매어 있는 삶을 의미하고, 폴리스는 정치와 같은 공적인 영역에 해당되는 것으로 생존의 문제에 얽매어 있지 않은 '시민'에 의해 영위되는 '훌륭한 삶'을 뜻한다.[3]

아리스토텔레스에게 인간의 진정한 행복은 오이코스가 아닌 폴리스에서 비로소 성취될 수 있다. 사사로운 생존에 얽매어 있는 삶은 노예의 삶이다. 생존의 문제에서 자유로운 시민들만이 폴리스를 통해 인간 자신의 본성에 일치하는 '훌륭한 삶'을 살아갈 수 있다는 것이다. 폴리스의 존재 목적 또한 단순히 시민들의 생존을 보장해주는 것에 있는 것이 아니라, 훌륭한 삶을 제공하는 것에 있다. 따라서 폴리스에서 살아갈 때 인간은 진정한 행복을 누릴 수 있는 것이다. 그런 점에서 인간은 그 본성상 폴리스적 동물인 것이다.

여기서 생존의 문제에서 자유로워지는 것이야말로 '정치적 삶'에 있어 필수적인 요건이다. 고대 아테네의 정치적 삶에서 반드시 요구된 것 가운데 하나가 '여가'였다. 노예와 여성, 거류 외국인, 혼혈인, 그리고 가난한 사람들은 끝없이 노동을 해야만 했다. 그들에게는 자신의 몸을 쉬게 할 시간조차 허락되지 않았다. 따라서 노동을 하는 노예나 장인들은 정치(politics)에서 배제되며, 사사로운 이해관계에 얽매이지 않고 여유를 가질 수 있는 시민에게만 정치를 할 자격이 부여되었다. '행동하는 삶'으로서의 정치는 오로지 여가가 있는 사람들의 전유물이었던 것이다(129~130쪽). 정치는 특정한 사적 이해관계에서 벗어나 공평무사하게 폴리스의 제반 업무를 수행해 나가는 것이어야 한다. 쇼리스가 말하는 '정치적 삶'을 살기 위해서는 생존에 얽매인 삶에서 벗어나 공적인 문제를 다루는 자유로운 삶으로 나아가야 한다.[4]

정치적 삶에 대한 쇼리스의 지적은 매우 중요한 통찰을 담고 있다. 어째서 가난한 사람들이 번번이 자멸적인 선택을 하게 되는지, 그래서 가난에서 빠져나오지 못하고 결국 몰락에 이르게 되는지 잘 보여주고 있는 것이다. 따라서 그가 제시하는 해결책은 가난한 사람들에게 정치적인 삶을 지닐 여유를 되찾아주고, 그들에게 자신들의 삶을 성찰하고 정치적 규칙을 이해할 수 있는 사고의 '힘'을 길러주는 것이다. 그럴 때에야 비로소 힘 있는 집단의 일원, 즉 진정한 시민권자가 될 수 있다는 것이다(130~131쪽).

쇼리스는 이처럼 생존의 영역과 정치의 영역을 구분하면서 생존에 얽매어 살아가는 가난한 사람들을 정치적 삶을 영위하는 일반 시민으로 육성할 필요가 있음을 강조한다. 여기서 인문학 교육은 가난한 사람들에게 성찰적 사고를 갖게 함으로써 성숙하고도 유능한 시민으로 길러내는, 그야말로 진정한 '정치적 삶'으로 나아갈 수 있는 방안으로 제시되고 있다. 즉, 인문학 교육이 가난한 사람들을 시민사회 안에서 온전한 정치적 주체로 세울 수 있는 '희망'이 되리라는 것이다. 하지만 문제는 쇼리스의 이러한 희망과 달리, 그의 인문학 교육이 소외 계층의 사회 복귀 프로그램 또는 스펙 업그레이드에 그치고 만다는 점에 있다. 생존의 영역에서 벗어나도록 시도하지만, 그것이 향하는 방향은 기존의 사회가 각자에게 부여한 고정된 자리들이다. 그곳에서 각자는 자신에게 할당된 기능을 충실히 수행하는 것 외에 그 어떤 정치적 삶도 기대하기 어려운 것이다.

랑시에르라면 쇼리스의 이러한 주장이 정치가 아니라 다만 치안(police)에 불과하다고 비판하지 않았을까? 쇼리스가 고대 아테네의 폴리스(polis)에서 시민들의 '정치적 삶'을 찾아냄으로써 진정한 의미의 '정치'를 제시하고자 했다면, 랑시에르는 폴리스에 기반하고 있는 정치가 다름 아닌 치안에 해당하는 것이라고 비판한다.[5] 여기서 그가 말하는 치안은 무엇보다도 '통치'와 관련되어 있다. 즉, 사회라는 공동체 안에서 사람들에게 각자의 자리와 기능을 위계에 따라 분배하는 것이다. 그래서 각자에게 합법적인 자격을 부여하고 이에 따른 권리(권한)를 행사하도록 만든다. 그러한 자격을 부여받지 못한 자들에게는 사회로부터 배제시키는 것을 원리로 삼고 있다.

반면 정치는 치안과 달리 이미 구획된 경계, 저마다에게 분배된 자리로부터 벗어나는 '해방'의 과정에서 비롯된다. 자격이 없는 자들이 자격이 없는 그대로 자신의 몫과 자리를 요구하면서 이른바 '치안'과 충돌하게 된다. 그러므로 치안과 정치는 처음부터 서로 다른 과정을 나타낸다고 할 수 있다.[6] 쇼리스처럼 가난한 사람들에게 시민으로서의 그들의 자리를 회복시키고, 그들에게 주어진 몫(권리)을 되찾도록 배분하는 과정은 정치가 아니라 다만 치안에 불과할 것이다.

기존의 사회적 규칙이나 질서에 대해 쇼리스가 어떤 태도를 취하는지 잘 보여주는 것이 바로 테니스 코트의 사례다. 그는 이 사례를 통해 어째서 가난한 사람들이 '정치적인 삶'을 지니지 못하게 되는지 설명하고자 한다. 사우스 브롱크스 지역에 테니스 코트가 하나 있다. 여러 명의 아이들이 하나의 코트를 사용해야 했기에, 아이들은 각자 자기의 순서를 기다려야 했다. 맨 앞에 있던 두 아이의 경기가 끝나면, 그 뒤에 서 있는 두 아이에게 차례가 돌아간다. 그런데 테니스 코트를 차지하기 위해 가난한 아이들과 부자 아이들이 선택한 해결 방식은 서로 달랐다. 가난한 아이들은 무질서 속에서 서로 경쟁하느라 대부분의 시간을 허비하고 말았지만, 부자 아이들은 처음의 무질서를 금방 극복하고 나름의 질서를 지키면서 효율적으로 시간을 활용할 수 있었다는 것이다.

이 두 테니스 코트의 사례가 …… 미국 사회에 존재하는 부자와 빈민의 중요한 차이를 보여주고 있다. 가난한 아이들은 정치적이지 않다. 그들은 질서와 자유 사이의 중도를 발견할 수 없다. 대신 그들은 끄집어낼 수만 있다면 아무리 보잘것없는 무력이라도 행사하려고 했다. 테니스 배우기에 쏟을 수 있는 시간의 대부분을 무력의 무질서 속에서 잃어버렸다. 가난한 아이들은 테니스 코트에 자신들의 상황을 비추어보지 않는다. 그래서 정치에 무관심한 자신들의 행동이 어리석다는 것을 인식할 수 없다. 그들은 정치적 규칙보다는 무력의 법칙에 따라 반응한다. 무력이야말로 그들이 알고 있는 모든 것이기 때문이다. …… 타고난 능력에서는 부자 아이들과 동등하거나 때로는 더 뛰어날 수도 있는 가난한 아이들이지만 테니스 배우기에서는 뒤떨어진다. 현대사회의 게임에서 이제 그들은 패배하기 시작한 것이다(61~62쪽).

위의 인용문에서 볼 수 있듯이, 쇼리스가 언급하는 '정치적 삶'이란 단순히 어떤 합법적인 지위를 인정받거나 어떤 권한의 소유 여부에만 있는 것이 아니다. 그보다는 사회의 규칙, 즉 사회 속에서의 각종 게임의 법칙을 얼마나 잘 이해하고 또 그것을 적절하게 활용할 수 있느냐에 따라 결정적으로 차이가 난다. 가난 속에 살아가는 사람들은 사회가 어떤 게임의 법칙에 따라 움직이는지 이해하지 못하며, 그로 인해 언제나 패배를 거듭하는 위치에 놓이게 된다. 생계에 매달려 살아가면서 그러한 규칙을 습득할 여유도, 그러한 규칙을 활용할 기회도 없었던 탓이다.

그런데 여기서 쇼리스가 강조하는 '정치적 삶', 즉 '정치적 규칙'을 이해하고 활용할 줄 아는 삶이 의미하는 것은 과연 무엇일까? 인용문에 나오는 테니스 코트의 사례를 통해서 그는 기존의 사회적 규칙을 얼마나 잘 이해하고 적용하느냐의 여부가 성패를 가르는 결정적 원인으로 제시한다. 하지만 그는 이러한 규칙들이 갖는 의미나 문제점에 대해서 전혀 의문을 제기하지 않는다. 그는 이들에게 부여된 규칙이 갖는 속성에 대해 아무런 의심 없이 그대로 수용하지만, 오히려 더 중요하게 되물어야 할 점은 바로 이러한 규칙들 자체가 아니었을까? 이 규칙들은 과연 어떠한 시민들을 길러내며 어떠한 사회를 만들어내는가? 또한 사회에서 요구하는 규칙을 터득함으로써 사회에서 '힘 있는 집단'의 일원으로 잘 적응해 나갈 수 있다는 그의 논리는 이른바 '부유한 사람들'의 경쟁 논리와 과연 얼마나 차이가 있는가?

하지만 쇼리스는 이 규칙들을 더 성숙한 '정치적 삶'으로 나아가기 위해 반드시 필요한 '통과의례'처럼 제시하고 있다. 가난한 사람들로 하여금 이러한 통과의례를 거치게 함으로써 성숙한 시민으로 길러내는 것이 반드시 필요하다고 강하게 확신하고 있는 것이다. 물론 가난한 사람들에게 사회의 규칙들을 강제로 주입하는 것으로는 기껏해야 맹목적인 수용이나 단순한 반발에만 부딪히게 될 것이다. 그야말로 무력에 의존하는 기존의 상황에서 조금도 벗어날 수 없을 것이다. 하지만 인문학 교육을 통해서 그들이 사회의 규칙들에 대해 스스로 생각할 수 있는 사고의 힘을 기르고 이를 터득해간다면 더 이상 무력에 의존할 필요가 없게 될 것이다. 합법적이고 제도적인 틀 안에서 그들은 더 나은 사회를 만들면서 살아갈 수 있게 되리라는 것이다.

결국 그렇다면 정치적 영역에서 배제된 자들이 정치적 영역에 들어가기 위해서는 기존의 사회적 규칙에 따라 정치적 영역에 진입하기 위한 절차를 하나씩 밟아 올라가는 수밖에 없다. 하지만 이를 통해서는 사회는 전혀 바뀌지 않은 채 사회 안에서 서로의 순위만 바뀌는 것에 불과할 것이다. 빈민은 여전히 정치 영역의 바깥에 배제된 채로 남아 있을 뿐이며, 빈민이 아닐 때에야 비로소 정치의 영역으로 들어갈 수 있는 자격을 갖게 되는 것이다.

이에 대한 반문이 있을 수 있다. 과연 기존의 규칙을 따르지 않고서도 새로운 규칙을 만들어내는 것이 가능할까? 여기서 우리는 레비스트로스가 소개하는 매우 흥미로운 사례를 참조할 수 있다. 그는 《야생의 사고》에서 뉴기니의 가후쿠-가마족의 사례를 설명한다.[7] 가후쿠-가마족은 처음으로 축구를 배우게 되었는데, 이들은 어느 한 쪽의 승리로 끝나지 않고 양 팀의 승부가 똑같아질 때까지 며칠이고 계속해서 시합을 하는 모습을 보인다. 기존의 축구 규칙에서는 반드시 승자와 패자가 갈리게 마련이다. 서로를 분리시키는 효과를 낳는 것이다. 그래서 경기가 끝나면 이긴 팀과 진 팀 사이에 차별이 생겨나게 된다. 하지만 이들은 규칙을 바꾸었다. 즉, 무승부 경기를 만들어 양 팀이 서로 결합되는 관계로 끝나도록 만들었던 것이다.[8] 우리는 가후쿠-가마족의 축구 경기를 두고, 과연 기존의 규칙을 무시하여 여전히 무질서에서 헤어 나오지 못한다고 평가내릴 수 있을까? 그래서 아무런 '정치적 삶'을 갖지 못한 자들이라고 말할 수 있을까?

물론 '가난한 자들'에게 처음부터 새로운 규칙을 만들어내
라고 요구하는 것은 부당할 것이다. 그들이 처한 고통스럽고
암담한 현실을 두고 아무런 해결책 없이 그대로 방치해두자는
것은 부당한 요구일 것이다. 하지만 기존의 규칙을 충실히 수
용하는 것을 통해서만 비로소 성숙한 시민이 될 수 있다는 견
해에는 쉽게 공감하기 어렵다. 가후쿠-가마족처럼 기존의 규
칙을 변형시켜 새롭게 적용하는 것으로도 우리는 얼마든지 다
양한 삶의 방식을 실험하고 실천할 수 있다. '정치적 삶'에서
정말로 중요한 요건은 기존의 규칙을 충실히 답습하는 것이
아니라, 기존의 규칙을 변형시키고 또한 새로운 규칙들을 창
안하는 것에 있다. 따라서 쇼리스의 주장처럼 기존의 규칙에
잘 적응하라고 요구하는 주문에 우리는 결코 응하기 어렵다.
그것은 '가난한 자들'이 그토록 빠져나오고자 했던 그 악순환
의 사회 속으로 다시금 되돌려 보내는 것이기 때문이다.

3
'인문학'은 과연 '위험한 존재'를 만들 수 있는가?

쇼리스는 오늘날의 미국의 성공 비결이 빈민을 '위험하지 않
은 상태'로 묶어둠으로써 가능했다고 진단한다(420쪽). 그가
인문학의 필요성을 강하게 절감했던 것도 여기에서 비롯한다.
가난한 사람들에게는 그저 반복적이고 단순한 일을 하기 위한
직업훈련만이 주어지고 있다. 반면, 부유한 중산층에게는 덜

손기태

반복적이고 창의적인 사고를 이끄는 인문학 교육이 이루어진다. 국가에서는 가난한 사람들에게 직업훈련을 시키는 것이 그들의 '고통'을 줄이는 길이라고 생각하고 있다. 그래서 복지정책의 대부분도 이러한 '훈련'들에 집중되어 있다. 지적 사고 능력이 부족한 빈민들에게는 이러한 직업훈련이 적당하다는 것이다(33쪽). 하지만 이를 통해 빈민들은 낮은 임금을 주는 직종에서만 근무하게 되고, 결국 사회에 아무런 '위험'을 주지 않는 순응적인 존재가 될 수밖에 없었다(34쪽).

이에 쇼리스는 가난한 사람들을 '위험한 존재'로 만들기 위한 인문학 교육을 제창하게 된다. "우리는 가난한 이들에게 인문학을 가르칩니다. 인문학이야말로 가난한 사람들을 '위험한' 사람들로 변화시키고, 그들로 하여금 합법적이고 정당한 힘을 갖게 해주기 때문입니다. 합법적인 '힘'이라든지, 민주주의와 같은 것들은 언제나 '위험한' 것으로 간주되어왔습니다만, 그런 종류의 위험은 기꺼이 감수할 가치가 있습니다." (2006년 1월, 한국 방문 강연)

우리는 가난한 사람들을 위험한 존재로 변화시켜야 한다는 쇼리스의 발언의 취지에 적극 공감할 수 있다. 정부와 기업들에서는 가난한 사람들이 그저 순응적인 존재로 남아 있기를 원한다. 하지만 가난한 사람들이 자신의 삶에 대해 돌아보고 민주적인 요구를 하기 시작하면 사태는 달라질 것이다. 가난한 사람들은 가난 속에서 순응적인 삶을 살아가던 과거 속에 머물기를 그치게 될 것이다. 그들은 기존의 사회질서를 뒤흔드는 매우 '위험한 존재'로 변화하기 시작할 것이다.

그렇다면 쇼리스의 주장대로 가난한 사람들은 진정으로 위험한 존재가 될 수 있을까? 우선 쇼리스의 '인문학'이 지향하는 '정치'에 관해 살펴볼 필요가 있다. 그는 '생각하는 힘', '성찰적 능력'을 키우는 방안으로 소크라테스의 산파술을 제시한다. 대화를 통해서 자신의 문제점을 스스로 깨닫도록 유도하는 것이다. 오늘날과 같이 생존에 얽매인 채 필요에 따르는 삶 속에서 정치란 언제나 무력의 지배에 놓일 수밖에 없으며, 갈등과 충돌의 양상을 피할 수 없다. 하지만 소크라테스의 산파술을 통해 대화와 타협의 힘을 길러간다면, 정치 현실 속에서도 우리는 '무력' 간의 충돌과 갈등을 완화시킬 '중용'을 실현할 수 있는 것이다. 그것이 바로 쇼리스가 추구하는 정치의 바람직한 모델이라 할 수 있다(69~70쪽).

'무력'에 의존하는 군중이 아니라 '힘 있는 집단'으로서의 시민들은 어떻게 자신의 '힘'을 행사하는가? 그 '힘'은 무엇을 가리키는가? 고대 아테네에서는 시민들이 입법 기구를 통해서 정치라는 공적 영역에 참여할 때 비로소 자신들의 '힘'을 작동시킨다. 그 힘은 비축할 수 있는 것이 아니라 오직 실행하기 위해서만 존재한다. 그 힘은 한 도시가 어떤 행동을 취할 것인가를 논의하기 위해 모인 '대화' 속에 존재하며, 그들의 고요한 '숙고' 속에서 존재하는 것이다(67쪽). "정치는 언제나 대화였다. 상대 없이 혼자서 하는 정치는 불가능하다. 대화처럼, 정치는 한 사람만으로는 이뤄질 수 없으며, 사람과 사람 사이에 펼쳐진 자유 공간, 즉 정치적 공간에서 일어난다."(65쪽)

여기서 우리는 쇼리스가 말하는 '위험성'이 정반대로 사회

손기태

의 '정상화'를 위해 작동하고 있음을 보게 된다. 그가 추구하는 '위험성'이란 어디까지나 대화와 타협을 수단으로 하는 것이며, 기존의 합법적 권력의 범주 내에서만 이루어지는 것일 따름이다. "빈민들이 합법적 권력의 범주에 들어간다면, 그리고 나서 게임의 잔혹성과 맞선다면, 그들은 기존에 확립된 사회질서에 진정한 위협이 될 것이다."(424쪽) 하지만 이것이 쇼리스의 생각처럼 기존에 확립된 사회질서에 진정한 위협이 될 수 있을까? 오히려 이러한 '위험성'은 '합의의 정치' 속에서 사회의 '정상화'를 위한 위험성이 되며, 기존의 사회에 대해 더 이상 아무런 '위협'도 되지 못하는, 그래서 아무런 '위험성'도 지니지 못한 '위험성'이 되는 것이 아닌가?

애초에 쇼리스가 지녔던 문제의식에서 볼 수 있는 것처럼, 가난한 사람들을 사회에 '위험'을 주는 존재로 변화시킨다는 것은 가난한 사람들로 하여금 기존의 사회를 변화시킬 존재가 될 것을 의미하는 것이었다. 오늘날의 자본주의 사회는 가난한 사람들이 값싼 노동력을 지속적으로 제공하면서도 그것에 대해 저항하거나 반발하지 못하도록 그들을 무기력의 감옥 속에 가두어놓았다. 가난한 사람들이 이러한 감옥에서 벗어나는 것, 그래서 사회의 지배 구조를 변화시키고자 적극적으로 활동하는 것은 기존의 사회를 위협하는 커다란 '위험'이 아닐 수 없다. 쇼리스는 이러한 사람들을 가리켜 '위험한 존재'라고 부른 것이다.

그러므로 가난한 사람들이 지니는 위험성은 그들에게 제자리를 찾아주고 정상적인 시민으로서 갖춰야 할 권리를 회복시키는 위험성과는 달라야 한다. 오히려 그들로 하여금 기존에 구획되고 배분된 '정상적'인 자리에서 '이탈'할 것을 요구하는 위험성이어야 한다. 다시 말해서, 기존의 합법적 권력의 범주 아래서 대화와 타협을 통해 진행되는 제도적 차원의 '합의의 정치'가 아니라, 기존의 사회적 규칙과 지배적 질서에서 벗어나 곳곳에 균열을 일으키는 '불화'의 정치를 작동시키는 것이어야 한다. 이럴 때에야 비로소 우리는 가난한 사람들이 진정으로 '위험한 존재'로 변화되었다고 말할 수 있는 것이다.

그런 점에서 쇼리스가 추구하는 것은 시민들에게 부르주아적 시민권을 되찾아주는 것에 그치고 있다. 즉, 빈민들을 '시민'의 자리에 복귀시키는 것이 그의 목표가 되어버린 것이다. 따라서 쇼리스는 가난한 사람들이 '시민'이 될 수 있다면 설령 그들이 위험해지지 않더라도 아무런 문제가 되지 않는다고 말한다. "만약 정치를 배운 빈민들이 위험해지지 않는다면, 만약 그들이 평화와 안락을 누리면서 겸손하게 생존하길 선택한다면 확언컨대 그것만으로도 충분하다. 우리의 목표는 빈곤을 종식시키고, 가난의 서러움을 역사와 낭만의 영역으로 넘겨주고, 빈민들을 시민으로 만드는 것이다."(425쪽)

심지어 쇼리스는 아예 일반 시민이야말로 '위험한' 시민이라고 규정하기도 한다. "멕시코 원주민 1,400명이 거주하는 히스토키 마을에서 1997년부터 2년 코스를 운영했다. 주민들은 이젠 자랑스럽게 스페인어 대신 마야어를 쓴다. 지역 정치인도 배출했다. 어떤 사람은 교사가 됐다. 무기력한 사람들이 참민주주의를 구성하는 '위험한 존재'가 됐다. …… 보라. 일

손기태

반인은 '위험한 시민'들이다. 투표를 하고 조직을 만들어 사회를 바꿀 수 있는 권력자들이다. 반면 그들은 그러한 '위험한 능력'이 없는 사람들이었다. 진정한 자유는 스스로가 위험한 존재가 됨으로써 획득된다."[9]

이처럼 쇼리스에게서 '위험성'은 어디까지나 건전한 시민 의식에 기반하고 있어야 한다. 또한 가난한 사람들에게 필요한 것은 정당한 시민적 권한을 행사하면서 살아가도록 하는 것이다. 가난한 사람들이 거리에서 폭동을 일으키는 것도 자신들의 시민권을 박탈당했기 때문이라는 것이다(124쪽). 가난한 사람들에게 시민권을 되찾아주어 미국 시민으로서의 명예를 회복시켜주는 것. 그것이야말로 가난한 사람들이 갖추어야 할 '정치적 삶'이라 할 수 있다는 것이다(125~126쪽).

하지만 그것은 '위험한' 빈민들을 '위험하지 않은' 시민으로 길러내는 것에 더 가깝지 않을까? 그래서 가정이 없는(home-less) 사람들을 가정(home)으로 되돌려 보내고, 직장이 없는 사람에게는 직장을 갖게 하며, 대학 졸업장이 없는 사람들을 대학에 진학시키는 것이야말로 '클레멘트 코스'의 진정한 성과가 된다. "클레멘트 코스 수료생 중에서 치과 의사가 두 명, 철학 박사와 간호사, 패션 디자이너, 영문과 교수가 각각 한 명씩 배출됐다. 하지만 가장 기억에 남았던 사람은 12년 전 정말 구제 불능이었던 한 여성이다. …… 이제 그녀는 대학에 입시 원서를 내 합격했다. 인문학의 힘이 얼마나 끈질긴가. 그리고 우리 학생들이 얼마나 훌륭한가."[10] 그는 대학 진학률이나 취업률로 클레멘트 코스의 성과를 판단할 수 없다고 말하지만, 클레멘트 코스는 가난한 사람들의 사회 복귀와 자활을 목표로 한 프로그램이었던 것이다.

　그렇다면 우리는 《희망의 인문학》이 말하는 '위험함'을 어디에서 찾을 수 있을까? 시민들을 '위험한 존재'로 만들겠다는 클레멘트 코스에 정부와 지방자치단체들이 적극적으로 후원하는 것이 더 이상 어색하게 보이지 않는 이유는 무엇일까? 우리가 그동안 클레멘트 코스를 통해 접하고 만날 수 있었던 사람들은 더 이상 '위험한 존재'가 아니었다. 오히려 우리가 만나게 되는 것은 어려운 상황에서도 '인문학'을 통해 자신의 삶을 사회에 복귀시키는 데 성공한 아름다운 '인간 드라마'뿐이었다. 이는 쇼리스의 '건전한 시민 육성 프로젝트'에 매우 잘 부합하는 것이라고 해야 할 것이다.

　어쩌면 인문학 교육을 통해서 이 모든 것이 가능하다고 여기는 것은 인문학에 대한 쇼리스의 지나친 기대이자 너무도 순진한 발상이 아닐까? 그렇다면 아프리카의 흑인보다 더 인문학적 사유를 발전시켜왔던 미국인들이 어째서 그들을 노예로 삼았으며, 아메리카 원주민들을 그토록 무자비하게 살육했을까? 하이데거가 나치에게 동조했던 것은 그에게 인문학적 소양이 부족했기 때문일까? 과연 '인문학' 교육을 받은 사람들이 많아지면 이러한 문제들이 해결될 수 있을까?

　《희망의 인문학》에 나오는 흥미로운 에피소드를 소개한다. 한 수강생이 쇼리스에게 질문을 던졌다. "우리나라(미국)를 세운 사람들이 그렇게 인문학을 좋아했다면, 어째서 원주민들을 그런 식으로 심하게 대했을까요?"(254쪽) '인문학'적 소양이

　　　　　　　　　　　　　　　　　　　　　　　손기태

높았던 미국의 정치 지도자들이 어째서 그런 야만적인 행위를 했던 것일까? 쇼리스가 난감해하는 사이에 어떤 학생이 답변을 했다. "그게 바로 아리스토텔레스의 '자기 통제 불능'의 경우에 해당되는 거잖아요. 도덕적으로 옳은 것이 뭔지는 알지만 그렇게 하지는 않지요. 왜냐하면 자기 욕심의 지배를 받기 때문에요."(256쪽) 쇼리스는 그 학생에 대해 인문학을 통해서 문제점을 분석하는 '힘'을 가지게 되었다고 높이 평가한다. 하지만 우리가 보기에 그런 인문학은 기존의 '위험함'마저 아카데믹하게 무마하는 수사적(修辭的) 기술에 더 가까운 것으로 여겨진다.

4
'기원'으로 향하는 '희망의 인문학'

쇼리스는 고대 그리스의 정치를 모델로 삼아 클레멘트 코스의 교육과정을 구성했다. 특히 그는 고대 아테네의 철학자들에게 주목하면서, 다른 지역이나 민족의 문화를 그 지역어로 공부할 때에도 반드시 고대 아테네의 작품들을 읽힐 필요가 있다고 강조했다. 그에 따르면, 역사상으로 소크라테스나 아리스토텔레스와 같은 고대 철학자의 작품만큼 사람들을 정치적 삶으로 이끈 작품도 없었다는 것이다(184쪽). 여기에는 무엇보다도 '철학자-시민'이라는 유형의 인간이 탄생한 것이 바로 고대 아테네 문화이며, 아테네야말로 개인의 자유를 보장함으로써 민주주의를 만들어낸 최초의 국가라는 점이 매우 중요하게 고려되었다(27쪽). 철학과 민주주의의 '기원'으로서의 고대 아테네 철학에서 인문학 교육이 시작될 필요가 있었던 것이다.

고대 아테네 문헌에 대한 그의 사랑은 각별하다. 그에 따르면, '고전'을 통해서 비로소 사유하는 방법과 민주적 시민으로서 살아가는 방법을 배울 수 있다. 무엇보다도 자신이 속한 사회와 국가에 대한 정체성과 자부심을 회복하기 위해서는 이러한 고전 문헌에 대한 공부가 필수적이다. 이에 대해 그는 아리스토텔레스의 《정치학》 일부를 언급한다.

"국가가 자연의 창조물이며, 인간도 본래 정치적 동물이라는 사실이 명백해졌다. 우연에 의해서가 아니라, 본성적으로 국가를 멀리하는 사람이 있다면 그자는 사악한 사람이거나, 아니면 인간성을 초월한 존재일 것이다. 호메로스가 '동족도 없고, 법도 없으며, 가정도 없는 사람'이라고 공공연히 비난했던 그런 사람인 것이다."(120쪽)

따라서 쇼리스는 자신이 속한 폴리스에 충성하는 것을 시민의 가장 중요한 특성으로 꼽는다. 애초에 city라는 영어 단어도 시민을 뜻하는 라틴어 'civis'와 가정을 뜻하는 프랑스어 'cité'에서 생겨났다는 것이다. 폴리스를 떠나거나 그것에 대항함으로써 폴리스를 저버리는 사람은 결코 시민이 될 수 없다(124쪽).

클레멘트 코스가 영어권이 아닌 나라에서 진행될 경우에도 반드시 자신들이 속한 민족과 지역의 문화의 뿌리를 아는 것을 교육의 필수 과정으로 삼는다. 이 책에서 사례로 들고 있는

손기태

멕시코 유카탄 마야 마을의 클레멘트 코스에서는 마야의 역사와 예술, 철학, 그리고 문학을 가르쳤다. 이를 통해 마을 사람들은 자신들의 문화가 어디에 뿌리를 두고 있는지를 알 수 있게 되었다(387쪽). 자신이 속한 지역과 민족의 '뿌리'를 알 때 비로소 자신의 정체성에 대한 확신과 자신에 대한 자부심이 생길 수 있다는 것이 쇼리스의 강한 신념이다.

유카탄 마야 마을에서의 클레멘트 코스가 진행된 지 6개월이 지난 후, 가정부로 살아가던 어느 학생에게 이러한 질문이 던져졌다. 클레멘트 코스를 마친 후에도 여전히 가정부로 살아갈 것이냐고. 이에 학생은 질문자를 오히려 이상하다는 듯이 쳐다보면서 자신은 마야인이므로 더 이상 그렇게 살아가지 않겠노라고 답변했다(397쪽). 그야말로 위대한 마야인으로서 존엄성을 지키고 살아가겠다는 다짐이었던 것이다. 모욕과 구타 속에서 살아가던 가정부 학생에게 클레멘트 코스는 자신의 민족적 정체성과 함께 민족적 자부심을 일깨워주었다는 것이다. 또 다른 주민 호세 침 쿠의 답변도 마찬가지다. "이 코스는 우리의 기원에 대해 생각하도록 했습니다. 고대의 것들에서 우리의 기원을 복원시킴으로써 우리의 가족, 우리의 공동체와 더불어 더 나은 삶을 살 수 있도록 만들어준 것이죠. 자신의 뿌리를 잃은 공동체는 영혼 없이 살아가는 육체와 같아요."(398쪽)

쇼리스는 《희망의 인문학》 한국어판 서문에서도, 한국에서 진행되는 클레멘트 코스에서 반드시 한국의 전통 철학이 다뤄져야 함을 역설한다. "저는 한국의 클레멘트 코스 수강생들이 플라톤과 아리스토텔레스의 저작을 읽는 것도 필요하겠지만,

한국의 전통 철학도 반드시 읽어야 한다는 사실을 알게 되었습니다."(10쪽) 한국의 전통 사상에서 말하는 천(天)·지(地)·인(人)의 세 요소 가운데 '인간'이라는 요소가 서구에서 말하는 민주주의와 동의어가 될 수 있을 것이며, 클레멘트 코스를 추동하는 궁극적인 힘이 바로 '마음'인데 한국 고유의 전통 사상에서 '마음'을 가르치므로 클레멘트 코스가 한국적 풍토에 잘 어울릴 것이라는 확신을 갖게 되었다고 밝히고 있다(11~12쪽).

서구 정치사상의 기원으로 올라가 고대 아테네의 정치학을 준거로 삼는 것과 마찬가지로, 쇼리스는 각 지역과 민족의 사상적, 문화적 기원으로 거슬러 올라감으로써 그들 자신의 뿌리를 알 때 비로소 자신에 대한 자부심과 긍지를 지닐 수 있다고 여겼다. 자신들의 기원과 뿌리에 대한 애착심이 없이는 성찰하는 힘도 정치적 삶도 결국 불가능하다고 보는 것이다. 하지만 이렇듯 기원과 뿌리를 통한 고유의 정체성에 대해 강조하는 것이 쉽게 쇼비니즘이나 애국주의의 논리로 동원될 수 있음을 부인하기는 어려울 것이다. 뿐만 아니라 근대 이후 서구 제국주의 국가들이 자신들의 식민지 지배를 정당화하고자 고대 그리스 사상의 보편적 우월성을 강변해왔던 것 또한 우리는 기억할 수 있다.

사실 이렇게 '기원'으로 회귀하면서 그것을 통해 자신들의 뿌리와 정체성을 확인하려는 시도는, 유럽 제국주의가 확장되면서 서구 근대 문명을 합리화하고 정당화하려는 학자들에 의해 만들어진 경향이라고 할 수 있다. 특히 기원으로 회귀하려는 시도가 혈연적 민족주의와 결합하면서 타자에 대한 적대적이고도 배타적인 태도를 강화시키고 각종 우생학적 담론을 만들어내어 무수한 인종 학살을 초래한 사실을 확인하기란 그리 어렵지 않다. 외국인 차별, 이주 노동자에 대한 인권 탄압 등으로 국제적인 지탄을 받고 있는 한국 사회의 경우, 이러한 기원과 혈통에 대한 강조가 외국인에 대한 배타적 태도, 이주 노동자에 대한 차별을 더욱 강화시킬 수 있지 않을까? 오히려 한국 사회야말로 기원에 대한 망각이 더 필요한 것이 아닐까?

5
인문학 강좌, 어디로 가고 있는가?

서두에서도 언급했듯이, 2005년 클레멘트 코스를 처음으로 한국에 적용하여 시작된 성프란시스 대학은 노숙자를 대상으로 한 인문학 강좌라는 사실 자체만으로도 많은 화제를 불러일으켰다. 이러한 강좌들은 성프란시스 대학을 필두로 전국 각지에 퍼져 나가기 시작했는데, 유형은 크게 두 가지로 구분할 수 있을 듯하다. 우선 장애인이나 탈성매매 여성, 교도소 재소자, 탈북 이주민, 저소득층 등 이른바 사회적 약자 또는 소외 계층을 대상으로 하는 강좌가 그 하나고, 지역 모임이나 시민 단체 등에서 주민을 대상으로 이루어지는 강좌가 또 다른 하나다 (물론 이 밖에도 백화점 문화센터와 국공립 도서관 등에서 개설하는 인문학 강좌나 CEO를 대상으로 하는 인문학 강좌 같은 경우도 있지만, 클레멘트 코스의 취지와는 동떨어져 있으므로 여기서는 논외로 한다).

한국에서 개설된 인문학 강좌들은 미국에서 시작된 클레멘트 코스와는 다소 상이한 맥락에서 진행되었다. 미국의 대학들과 연계하여 시작됐던 클레멘트 코스는 주로 극빈층이나 노숙자, 마약중독자와 같은 소외 계층을 대상으로 했으며, 프로그램의 내용도 이들에 대한 자활 및 치료 프로그램의 성격이 강했다. 반면, 한국에서 개설된 인문학 강좌들은 초기에 클레멘트 코스와 유사하게 진행되었지만, 점차 확대되면서 소외계층뿐만 아니라 지역 주민들과 함께 대안적인 삶의 방식을 모색하려는 형태로 전개되었던 것이다.

이러한 인문학 강좌의 확대와 함께 2008년 이후로 정부 기관과 지방자치단체들은 본격적으로 인문학 강좌에 대한 지원사업을 진행하기 시작했다. 오세훈 서울시장은 아예 '희망의 인문학'이라는 타이틀을 내걸고 '휴먼 서울, 시민 인문학 강좌'를 추진했는데, 서울 시내의 대학들에 위탁하는 방식으로 노숙인 및 저소득층을 위한 인문학 강좌를 운영했다. 교육인적자원부와 한국학술진흥재단이 주도하는 '인문한국 지원사업'만 하더라도 한 해 400억 원 가까이 되는 예산을 지원하고 있다. 전국의 대학들은 '인문한국 지원사업'에 선정되고자 서로 경쟁적으로 인문학 강좌를 개설하는 진풍경을 연출하고 있다.

대부분의 인문학 강좌들이 자발적으로 운영되었기에 넉넉하지 않은 재정 상황에 놓여 있었고, 지속적으로 강좌를 진행하기에는 많은 어려움이 있었다. 여기에 정부와 지방자치단체의 지원은 인문학 강좌를 안정적으로 지속할 수 있는 재원을 제공해주었던 것이 사실이다. 하지만 이는 동시에 강좌의 방향이 정부와 지방자치단체의 사업 취지에 맞추어 소외 계층의 자활을 중점에 놓고 진행되는 문제점을 낳는 원인이 되기도 했다. 정부와 지방자치단체들에서는 수강생들의 가정으로의 복귀와 진학률이나 취업률 등을 자신들의 사업 성과로 내세우기 시작했고, 인문학 강좌에 참여한 실무진이나 강사들까지도 수강생들의 이러한 자활 '성공 사례'를 강좌의 주된 성과로 홍보하는 모습을 보였다.

하지만 여기서 우리는 인문학 강좌가 무엇을 지향하고 있는지에 대해 근본적인 차원에서부터 다시금 검토할 필요가 있다. 성프란시스 대학에서 노숙자를 대상으로 강의를 했던 고영직은 "시민 인문학 교육이 급속히 제도화될 경우 지식 사회와 시민들의 자발적 추진력이 위축되고, 인문적 사유와 실제 코스 운영에서도 자칫 매너리즘에 빠질" 수 있음을 경고한다.[11] 실제로 그간의 인문학 강좌들에 대한 평가 내용들을 살펴보면, 대부분 자신들의 활동에 대한 '자화자찬'식 성공 사례만 말할 뿐이라는 것이다. 그는 어째서 대학 외부에서 인문학을 하는지, 국가와 지방자치단체가 이런 인문학 강좌들에 대해 지원을 하는 이유가 무엇인지에 대해 근본적인 성찰을 할 필요가 있다고 주장한다.[12]

인문학 강좌에 참여했던 여러 명의 강사는 이러한 강좌들이 수강생들을 바꾸기도 했지만, 더 중요하게는 인문학과 인문학자 자신을 변하게 만든 계기였다고 공통적으로 고백(!)하고 있다. 그 안에서 우리가 발견할 수 있는 것은 소외 계층과 서민들을 위한 인문학자의 '숭고한' 책무와 사명감이다. 이는 그동안 소외된 계층들을 외면하고 상아탑 안에 안주했던 인문학자들의 자기반성이겠지만, 여전히 인문학자 자신들의 임무가 소외된 사람들을 일깨우고 그들의 자립을 돕는 일이라는 점을 재차 확인하고 있다. 고로 인문학의 역할은 사회적 약자를 위한 자활 프로그램이어야 한다는 것이다!

오늘날 정부와 지방자치단체에 의해 복지 정책의 일환으로 인문학 강좌가 진행되면서 인문학은 마치 소외 계층들에게 베푸는 시혜처럼 제공되고 있다. 하지만 쇼리스의 지적대로, 가난한 사람들에게 정말로 필요한 것은 복지가 아니지 않는가? 그야말로 복지 혜택의 하나로서 제공되는 인문학이 필요한 것이 아니지 않는가? 이미 우리 사회에는 빈곤 계층과 장애인, 노숙자 등을 위한 자활 프로그램이나 재소자를 위한 교정 프로그램이 존재한다. 자활 프로그램이나 복지 예산이 부족하다면 이를 더 확충할 방안을 고민하면 된다. 그런데 어째서 인문학 강좌는 스스로를 그러한 자활 프로그램의 일부로 자임하고 있는 것일까?

이제 인문학은 더 이상 소외 계층을 위한 복지 사업으로서의 인문학이기를 그쳐야 한다. 인문학은 가난한 사람들로 하여금 기존의 사회가 부과한 무력의 속박으로부터 벗어나도록 하는 수단으로 그들에게 주어져야 한다. 기존의 사회가 꿈꾸지 못한 새로운 삶의 방식을 구상할 수 있게끔 하는 인문학이어야 한다. 박남희의 지적처럼, 앞으로의 인문학은 노숙자를 일깨우는 인문학이 아니라, 노숙자를 만들어내는 사회 자체를

일깨우는 인문학이어야 한다.[13]

6
희망 대신 불온함을!

다시, 처음의 질문으로 돌아오자. 《희망의 인문학》은 과연 '가난한 사람들'에게 진정한 희망일 수 있는가? 《희망의 인문학》이 말하는 그 희망 안에서는 가난한 사람을 '위험한 존재'로 만드는 '정치'도, '민주주의'도 발견하기 어렵다. 그저 사회에서 통용되는 평범한 상식적 사고를 지니고 살아가는 '일반 시민', 그래서 사회에 잘 적응하는 '온건한 존재'를 만날 수 있을 따름이다. 그야말로 전혀 '위험하지 않은' 존재들인 것이다.

이는 어쩌면 《희망의 인문학》이 애초부터 지니고 있었던 태생적 한계에서 비롯된 것인지도 모른다. 즉, '정치적 삶'을 '폴리스/치안'의 영역에서 찾으려 했던 것에서 이미 그 한계가 규정되어 있었던 것이다. 가난한 사람들을 기존에 주어져 있는 일반 시민이라는 자리로 되돌려 보내려는 치안의 정치학에 머물러 있는 한, 애초부터 가난한 사람들을 위험한 존재로 만들려는 것은 불가능한 시도였다. 또한 현실 문제에서 벗어나 '정치적 삶'을 찾으려는 시도 역시 클레멘트 코스를 '인문학'의 테두리 안에 안주하도록 만든 것으로 보인다. '정신적 삶'으로는 결코 인문학을 벗어날 수 없었던 것이다.

그렇다면 이제 우리는 《희망의 인문학》으로부터 벗어나야 할 때가 되었다고 말해야 할 것이다. 자신을 구속하는 시대와 대결하는 그 '불온함' 속에서 비로소 가난한 사람들의 '정치적 삶'이 시작될 수 있는 것이 아닐까? 그러한 불온함 속에서 비로소 인문학은 가난한 사람들의 '희망'이 될 수 있지 않을까?

주

1 E. 쇼리스, 고병헌·이병곤·임정아 옮김, 《희망의 인문학》, 이매진, 2006, 24쪽. 이하에서는 인용 쪽수를 본문에 병기함.

2 '인문학은 빈곤층의 희망이다', 〈한겨레21〉 595호.

3 H. 아렌트, 이진우 외 옮김, 《인간의 조건》, 한길사, 1996, 88~89쪽.

4 E. 쇼리스의 이러한 구상은 폴리스(공적 영역에 속한 자유로운 삶)와 오이코스(사적 영역에 속한 생존에 얽매인 삶)를 구분하고, 폴리스적 삶을 통해 길러진 시민들의 '사유의 힘'과 '행동하는 삶(vita activa)'을 강조했던 H. 아렌트의 논의에 크게 의존하고 있다. 아렌트의 정치학에 대한 소개와 비판적 검토는 이진경의 《외부, 사유의 정치학》, 그린비, 2009를 참조할 것.

5 J. 랑시에르, 양창렬 옮김, 《정치적인 것의 가장자리에서》, 길, 2008, 133~134쪽.

6 같은 책, 135~138쪽.

7 C. 레비스트로스, 《야생의 사고》, 한길사, 1996, 89쪽.

8 같은 책, 91쪽.

9 〈한겨레21〉, 같은 곳.

10 '인문학, '희망의 밑거름' 될까', 〈서울신문〉, 2007년 3월 15일자.

11 고영직, 〈벽을 문으로 바꾸는 교육예술〉, 《행복한 인문학》, 이매진, 2008, 105쪽.

12 고영직, 〈운동으로서의 실천인문학을 위하여〉, 《문화과학》, 2010년 가을 63호, 166쪽.

13 박남희, 〈노숙인을 위한 인문학 강의〉, 《행복한 인문학》, 이매진, 2008, 146쪽.

불온한 인문학

인문학과 싸우는 인문학

지은이 | 최진석 외 지음

1판 1쇄 발행일 2011년 6월 27일
1판 2쇄 발행일 2011년 7월 25일

발행인 | 김학원
편집인 | 선완규
경영인 | 이상용
편집장 | 위원석 정미영 최세정 황서현
기획 | 나희영 임은선 최윤영 김은영 박정선 조은화 김희은 김서연 정다이
디자인 | 김태형 유주현
마케팅 | 이한주 하석진 김창규 이선희
저자 · 독자 서비스 | 조다영 함주미(humanist@humanistbooks.com)
스캔 · 출력 | 이희수 com.
용지 | 화인페이퍼
인쇄 | 청아문화사
제본 | 정민제책

발행처 | (주)휴머니스트 출판그룹
출판등록 | 제313-2007-000007호(2007년 1월 5일)
주소 | (121-869) 서울시 마포구 연남동 564-40
전화 | 02-335-4422 팩스 | 02-334-3427
홈페이지 | www.humanistbooks.com

ISBN 978-89-5862-405-9 03100

만든 사람들

기획 | 선완규(swk2001@humanistbooks.com) 김서연
편집 | 임미영
디자인 | 민진기디자인